A RADICAL GUIDE FOR WOMEN WITH **ADHD**

Embrace Neurodiversity, Live Boldly, and Break Through Barriers

ADHD
여성을 위한 혁신적인 안내서
고통을 넘어서 진정한 자신을 발견하기

Sari Solden · Michelle Frank 공저

이성직 · 김정숙 · 김다선 · 진성주 공역

학지사

A Radical Guide for Women with ADHD:
Embrace Neurodiversity, Live Boldly, and Break Through Barriers
by Sari Solden, MS and Michelle Frank, PsyD

역자 서문

아동 · 청소년 ADHD에 대한 대중들의 인식과 함께 지난 10년 동안 대중매체를 통해서 성인 ADHD에 대한 인식도 증가하였다. 여전히 ADHD는 남자아이나 남성에게 보이는 장애라는 선입견을 갖고 있지만, 미국의 경우 성인 남성과 남자아이 대 성인 여성과 여아아이의 유병률을 13% 대 6%로 보고하고 있다. 국내에는 아직 대단위의 역학조사는 부족한 상황이고, 특히 ADHD 여성이 삶에서 겪는 어려움에 대한 정보와 극복하는 팁에 대한 정보는 부족한 편이다. ADHD 남성 성인들이 경험하는 어려움과 달리 ADHD 여성이 삶에서 겪는 어려움은 과연 어떤 것일까? 성 역할 기대로 인해 부주의나 충동성의 문제는 남성보다 더 심한 수치심과 자괴감을 낳을 수 있다. 특히 가정에서 며느리, 아내, 엄마의 역할에서 ADHD 증상으로 인해 일상적인 가사 수행의 어려움은 우울감과 불안감 등의 정신건강에 더 심한 손상을 줄 수 있다.

이 책에서는 ADHD 여성이 경험하는 어려움을 소개함과 동시에 '자신을 고치려고 하기보다는 있는 그대로의 자신이 되는 법'을 소개하고 있다. 또한 신경 다양성(neurodiversity)이라는 용어를 통해서 ADHD 장애를 병리적인 관점에서 보기보다는 일반인들과 다른 신경회로 배선의 차이로 보고 있다.

ADHD 성인들은 자신과 타인에 대한 개념이 부정적이다. 만성적인 자기 불신과 낮은 자존감 그리고 타인 불신이 흔한 그들의 핵심 신념이다. 이로 인해 타인과의 관계에서 늘 긴장하고 불안해하며, 타인과의 관계를 회피하는 성향을 보이게 된다. 자신에 대한 부정적인 핵심 신념으로 인해 매사 일을 시작하기도 전에 '할 수 없다.' '해도 안 된다.'라는 자동적인 생각을 하게 된다. 이 책의 출발점은 '자신을 수리하거나 고치려고 고군분투하는 마음에서 자신을 수용하고 받아들이는 것'을 강조하는 데서 시작한다.

상담 장면에서 ADHD 여성을 만나면서 역자가 경험한 것은 많은 여성이 어린 시절부터 ADHD의 증상을 '게으르다, 나태하다'라는 개인의 성격으로 치부하는 비난의 메시지를 받았다는 점이다. 이는 곧 '나는 쓸모없고 무능력한 존재'라는 핵심 신념과 함께 이에 동반되는 수치심을 느끼게 한다. 맞벌이 가정이 증가하면서 여성에게는 가사와 육아뿐 아니라, 능력을 발휘해야 하는 직업적인 유능성 측면도 강조되었다. 사회에서 여성이 감당해야 할 역할은 많아졌지만, 어린 시절부터 받아 온 이러한 비난들로 인해 평생을 수치심을 가지고 당당하지 못한 존재로 살아가는 것이다. 특히 꼼꼼하고 돌봄의 역할을 강조하는 전통적인 성 역할 가치에 묶인 경우, ADHD 여성에게 주변과 가족들의 비난과 지적은 더욱더 자괴감을 들게 할 것이다.

인지행동치료의 기술을 적용하면서 다양한 인지와 행동의 변화를 위한 기술 적용도 필요하지만, 자신의 부족하고 쉽게 개선되지 못하는 부분에 대한 자기수용과 동시에 자신에 대해 친절함과 인내도 필요하다. 인지행동치료를 적용하면서 수년 전부터 강점 기반의 ADHD 코칭 훈련을 받고 있다. 심리상담이나 ADHD 전문 코칭을 통해서, ADHD 여성이 증상과 자신의 인격을 구분하고, ADHD라는 장애가 주는 정체성에서 벗어나 삶의 목표와 가치를 정하고 자신이 진정 원하는 삶을 살아가는 모습을 늘 현장에서 목격한다. 상담자와 함께 노력하여 자신의 외모를 가꾸고, 주변을 정리 정돈하고, 좋아하는 사람들과 연결감을 가지면서 자신의 인생의 주인공으로 살아가는 게 가능하다. ADHD는 이에 대한 전문적인 훈련과 자격을 가진 전문가의 도움이 필요한 실행 기능의 장애이다. ADHD 장애는 다른 심리치료에서 중요시하는 내담자의 문제에 대한 공감과 수용도 중요하지만, 내담자의 실행 기능의 어려움으로 인해 발생하는 내담자가 일상에서 경험하는 어려움에 대한 전문적인 이해와 구체적인 치료 기술에 대한 이해와 적용할 수 있는 능력이 관건이다. 역자의 성인 ADHD 연구팀에서는 다년간의 임상 사례 경험과 국내외 학술대회 발표와 저술을 통해서 구체적인 개입 기술들을 개발해 왔다.

증상이 주는 여러 어려움은 전문가의 도움이 필요한 것으로 받아들이고, 자신의 문제에 대해 직시를 해야 하며 동시에 수용하는 자세도 필요하다. 대부분의 ADHD 성인들은 자신의 문제가 타인에게 미치는 부정적인 영향에 대한 인식이 낮은 경우가 많다. 자신의 문제를 극복하는 전략도 부족한 경우가 흔하다. 위기라는 한자가 위태로움과 기회의 의미를 포함하고 있듯이, ADHD는 분명 개인에게 있어 자신이 가진 원래 능력을 온전히 발휘하는 데 있어 늘 삶에서 걸림돌이 되었을 것이다. 하지만 위태로움과 동시에 세상을 바꾼 다수의 위인이 ADHD 성인이라는 사실을 기억할 필요가 있다. 창조적인 사고나 발전은 틀 밖의 사고나 관점에서 발생한다. 실패가 성공의 어머니라는 말처럼 어려움을 어떻게 보다 효과적으로 극복할지를 고민하는 노력과 태도가 성숙한 성인이 되는 과정이고 세상을 바꾸는 아이디어가 될 수 있다. 약물복용과 동시에 ADHD 증상은 충분히 관리할 수 있는 장애로서, ADHD 전문상담사나 코치의 전문적인 도움을 받아서 자신의 재능과 강점을 발견하여 당당하게 한 인간으로서 살아가는 게 가능하다.

역자 대표 이성직 박사

한국 ADHD 협회 회장

머리말

1995년에 나는 '주의력결핍 과잉행동장애가 있는 아동 및 성인(Children and Adults with Attention Deficit/Hyperactivity Disorder: CHADD)' 단체가 주최한 회의에 참석하기 위해 줄을 서서 기다리고 있었다. 나는 내 앞에 있는 여성이 『주의력결핍장애를 가진 여성(Women with Attention Deficit Disorder)』이라는 제목의 책을 들고 있는 것을 보았다. 신경정신과 커뮤니티에서 여성은 물론이고 여자아이들도 ADHD 진단을 받을 수 있다는 사실을 정기적으로 거부하던 시기에, 나는 나의 행운을 믿을 수 없었다. 나는 그녀에게 "누가 저 책을 썼든 저 책을 쓴 사람은 천재다!"라고 말했다. 그녀는 "제가 썼습니다." 라고 대답했다. 이것이 내가 사리 솔덴(Sari Solden)을 소개하는 내용이다.

역사적으로 ADHD는 과잉행동을 보이는 어린 소년들의 통제할 수 없는 행동이라 설명되어 왔다. 대부분의 여성은 이러한 행동을 나타내지 않았기 때문에 남성 기반 진단 기준을 충족하지 못했다. 실제로, 바로 그 회의에서 기조 연설자는 이 소녀들과 여성들을 'ADD 지망생(ADD wannabes)'이라고 무시했다.

ADHD를 가진 여성은 난민처럼 살고 있었다. 첫째, 공감, 조직화, 순응에 대한 사회의 성 역할 기대치에 부합하지 않았기 때문에 소외되었다. 둘

째, 『정신질환의 진단 및 통계 편람(Diagnostic and Statistical Manual of Mental Disorders)』에 나와 있는 기준을 충족하지 못하여 제외되었다. 사회의 잣대로 측정하기에는 너무 다르지만, 신경학적 설명을 완화할 만큼 충분히 다르지 않은 ADHD를 가진 여성은 그들의 차이를 최악의 두려움으로 돌릴 수밖에 없었다. 타당화와 이해를 받지 못하는 많은 사람이 가장 가혹한 비판을 내면화했다.

현재의 관점에서 볼 때, 솔덴의 대담하고 정직한 말은 ADHD의 풍경을 영원히 바꾸어 놓았다는 것을 알 수 있다. 나는 그녀가 ADHD를 가진 여성을 격리하는 정신 감옥의 문을 열었다고 해도 과언이 아니라고 생각한다. 반응이 굉장했기 때문에 우리는 이것이 사실임을 안다. 전 세계의 여성들은 자신이 혼자가 아니며 자신들의 고통에 이름이 있다는 단순한 앎으로 힘을 얻었다고 느꼈다. 이제 사리 솔덴과 공동 저자인 미셸 프랭크(Michelle Frank)가 다시 한번 대화를 추진한다. 그들의 책은 여성들이 세상에서 자신의 공간을 주장하며 자신이 보이고, 들리고, 알려지도록 격려한다.

이 책이 조장하는 혁신적인 생각이 자기수용이라는 것은 불안하고 아이러니하다. 끊임없이 변화하는 시대정신에도 불구하고 여성들은 가능하면 순응하려고 노력한다. ADHD를 가진 여성은 치료사에게 "저를 정상으로 만들어 주세요."라고 간청한다.

자존감이 낮은 사람들에게 너무나 흔한 대처 메커니즘은 잘못된 자기를 형성하는 것이다. 이것은 일부 개인이 대부분의 사람이 즐기는 공감과 확인을 받지 못하는 파괴적인 역동이다. 거듭된 거절 끝에 그들은 자신이 사회에서 인정하는 종류가 아니라는 결론을 내린다. 필사적인 해결책이 나온다. 신경전형적인 사람들을 모방하고 '정상'으로 넘어가도록 허용할 수 있는 거짓 자기를 설계하는 것이다.

언뜻 보면 기발한 변장처럼 보일 수 있다. 그러나 솔덴과 프랭크는 ADHD를 가진 여성이 자신의 어려움을 보상할 때 높은 감정적 대가를 치러야 한다는 점을 분명히 한다. 과잉 경계하고 고갈되어도 여전히 낙인과 수치심에 시달리고 있다. ADHD를 가진 여성이 외출할 때 아무런 증상이 없는 것처럼 보일 때, 그들은 그것을 성공이라며 축하할지도 모른다. 아이러니하게도 잘 대처한 결과 그들의 곤경은 비밀로 남아 있지만 피해는 덜하지 않다. 그들은 지지를 요청하기보다는 그들이 사기꾼으로 노출될 수 있는 정면의 피할 수 없는 균열을 두려워한다. 사실 레너드 코헨(Leonard Cohen)은 다음과 같이 썼다. "모든 것에는 균열이 있다. 그것이 빛이 들어오는 방식이다." 따라서 외관의 균열은 고칠 필요가 없다. 빛의 조각은 빛나는 진정한 자기를 비춘다.

당신이 수치를 당하고, 불명예를 안고, 침묵을 지킨 수천 명의 여성 중 하나라면, 사리 솔덴과 미셸 프랭크가 당신의 사납지만 자비로운 안내자가 되도록 허락하라. 그들은 수십 년 동안 숨어 있으면 두려움이 마비될 수 있음을 이해한다. 두 저자는 당신의 끈기와 용기를 참을성 있게 양육한다. 그들은 수용과 연민의 위치에서 그것을 봄으로써 세상에서 당신의 역할을 이해할 수 있는 기회를 제공한다. 공감이 넘치는 이 공간은 ADHD를 가진 여성들이 자기 가치를 두뇌 배선에서 풀어내는 과정을 안전하게 시작할 수 있는 오아시스를 제공한다. 숨이 멎을 정도로 다양한 우리 세상에서 솔덴과 프랭크의 『ADHD 여성을 위한 혁신적인 안내서: 고통을 넘어서 진정한 자신을 발견하기』는 감히 이 매력적이고 독특한 개인들을 축하한다.

Ellen B. Littman 박사

(뉴욕에서 개업 임상심리학자이자

『Understanding Girls with ADHD』의 공동 저자)

독자에게 전하는 참고 사항

당신이 이제 막 시작하는 이 흥미진진한 여정에서 당신의 가이드 역할을 하게 된 것을 기쁘게 생각한다. 다음은 이 책에서 사용된 몇 가지 용어와 개념에 대한 중요하고 간략한 설명이다.

여정을 즐기라!

혼란을 줄이기 위한 ADHD 기본 사항

이 책은 주의력결핍 과잉행동장애(ADHD)가 있는 여성과 그들을 돕고 사랑하는 사람들을 대상으로 한다. 우리가 ADHD에 대해 알고 있는 모든 것을 포함할 수 없기 때문에 이 책은 대부분의 ADHD 기본 사항에 어느 정도 익숙하다고 가정한다. 그러나 이 책 전반에 걸쳐 ADHD의 특정 측면에 대한 논의를 따라갈 수 있도록 돕기 위해 우리는 ADHD와 다양하게 드러나는 그 양상에 대해 이야기할 때 의미하는 바를 포함하여 몇 가지 기본적인 배경 정보를 설명하고자 한다. 우리는 이 책에서 일반적인 용어인 'ADHD'를 가장 보편적으로 사용하지만, 때때로 중요할 때 표현 유형을 구체적으로 기술한다.

사람들은 요즘 그것을 ADHD라고 부른다

진단명 자체가 수십 년 동안 여러 번 변경되었기 때문에 ADHD 진단명과 그 기호에 대해 많은 혼란이 있다. 오늘날, 현재의 정확한 진단 용어는 주의력결핍/과잉행동장애(attention deficit/hyperactivity disorder) 또는 ADHD이며, 진단 매뉴얼에 의해 세 가지 하위 유형(부주의 우세 표현형, 과잉행동/충동성 우세 표현형, 복합 표현형)으로 더 자세히 설명된다.

때때로 'ADHD'와 'ADD'가 같은 의미로 사용되는 것을 듣는다. 주의력결핍장애(ADD)는 1980년 진단 매뉴얼에서 사용된 이전 진단 용어였고, 사람들은 단순히 그 이름에 익숙해졌기 때문이다. 간혹 사람들은 과잉행동이 없는 ADHD 또는 부주의 우세 표현형을 가리키기 위해 ADD를 아무렇지도 않게 사용하지만, 이 용어는 구식이며 부정확하다.

부주의 우세 표현형 부주의 우세 표현형을 가진 사람들은 일을 시작하거나 활성화하는 데 큰 어려움(원하거나 필요로 할 때도)과 혼란, 건망증, 주의산만, 멍 때리기, 시간에 대한 잘못된 인식 및 정서적 조절 장애를 주로 나타낸다. 그들은 ADHD 상태의 다른 하위 유형을 가진 사람들만큼 과잉행동과 충동성으로 어려움을 겪지 않는다. 일부는 과잉활동 대신에 과소활동의 경향이 있다.

과잉행동/충동성 우세 표현형 과잉행동/충동성 우세 표현형을 가진 사람들은 과잉행동으로 많은 어려움을 겪는다. 그들 역시 부주의한 특성으로 인해 어려움을 겪지만, 주요 문제는 과각성 및 '제동을 거는' 문제와 관련이 있다. 이 유형의 사람들은 가만히 앉아 있고, 줄을 서서 기다리고, 행동하고 말하고 싶은 충동을 억제하는 데 어려움을 겪는다. 그들은 꼼지락거리고, 내적으로 안절부절못한 느낌을 가지며, 항상 움직이고자 하는 욕구를 끊임없이 느낀다. 또한 그들은 충동성에 어려움을 겪고 억제되지 않은 행동, 성급한 말, 성급한 의사 결정으로 인해 많은 부정적인 결과를 경험하는 경향이 있다. 남성은 과잉행동/충동성 우세 표현형으로 진단될 가능성이 더 크다.

복합 표현형 복합 표현형을 가진 사람들은 부주의하고 과잉행동/충동적인 표현의 측면을 모두 가지고 있다. 복합 표현형을 가진 여성은 지나치게 말을 많이 하고, 대화를 방해하는 경향이 있으며, 충동적인 결정을 내리고, 신체적 또는 정신적 과잉행동과 함께 부주의 표현형을 가진 여성과 유사한 경험을 종종 보인다.

ADHD와 실행 기능

대부분의 사람이 ADHD에 대해 알고 있는 것은 큰 그림의 작은 부분일 뿐이다. ADHD가 반드시 주의력 결핍이라기보다는 인지, 감정, 행동의 다양한 측면을 조절하는 문제이다. 또한 그것은 반드시 누군가가 과잉(hyper)이라는 의미도 아니다. 그러면 그것은 무엇인가?

ADHD는 뇌의 구조적, 화학적, 의사소통 및 각성 차이로 이어지는 평생의 신경 행동적 유전 증후군으로, 결과적으로 뇌의 '실행 기능' 시스템에 영향을 미친다.

토마스 브라운(Thomas Brown) 박사는 ADHD를 다음과 같이 적절하게 기술하고 있다.

> 실행 기능의 발달적 손상의 복합 증후군. 뇌의 자기관리 시스템, 대부분 무의식적 작동 시스템의 발달적 손상의 복합 증후군. 이러한 손상은 상황에 따라 다양하고 만성적이며 일상생활의 여러 측면에서 기능을 크게 방해한다(2013, 20).

브라운이 언급한 작동은 실행 기능 기술이라고 하며, 그는 이를 여러 영역으로 분류한다. 여기에는 작업의 활성화 및 시작, 집중 및 지속적인 주의, 주의력 조절, 노력 및 처리 속도, 감정 조절, 작업 기억 능력 및 행동의 자기 조절을 포함한다. 브라운은 여러 책과 연구논문에서 이러한 구성 단위들에 대한 훌륭한 설명과 ADHD를 가지고 일상을 살아가는 삶이 어떤지를 보여 준다. 그중 일부는 '어린이와 성인의 ADHD에 대한 새로운 이해(A New Understanding of ADHD in Children and Adults)'를 포함하여, 이 책의 뒷부분에 인용되어 있다. 아직 확인하지 않았다면 그의 연구를 살펴보기 바란다. 왜냐하면 확실히 당신의 어려움에 수용과 인정을 해 주고 새로운 깨달음을 줄 것이다.

다음에서 당신은 우리가 ADHD의 어려움을 실행 기능 시스템 및 관련 기술의 조절 장애에서 비롯되는 ADHD의 문제를 자주 언급하는 것을 듣게 될 것이다. 이러한 용어에 대한 자세한 설명은 이 프로젝트의 범위를 벗어나지만, 뇌의 이러한 관리 기능에 대한 문제가 여성에게 많은 어려움을 일으키고 당신이 경험할 수 있는 방식을 잘 설명한다는 점을 이해하기 바란다.

ADHD 진단을 받은 적이 없지만, 있다고 생각되면 어떻게 하는가

ADHD가 의심되는 경우, 상태를 진단하고 치료한 경험이 있는 전문가를 만나는 것이 중요하다. http://www.add.org에서 ADHD의 일반적인 증상 유무를 선별하는 무료 체크리스트를 작성하여 첫 방문 때 가지고 갈 수 있다. 정신과 의사, 의사, 심리학자, 임상 사회복지사 또는 치료사가 ADHD를 진단할 수 있다. 잠재적인 전문가에게 ADHD를 가진 여성과 작업한 적이 있는지, 최근 몇 년 동안 ADHD에 대한 교육이나 회의에 참석했는지, 실행 기능 조절 장애로서 ADHD에 대해 잘 알고 있는지 물어보라.

나는 나쁜 팔자인가

아니다! ADHD는 사라지지 않는 뇌 기반의 차이이지만, 사형 선고는 아니다. 당신은 ADHD를 가진 여성으로서 행복하고 건강하며 만족스러운 삶을 살 수 있고, 그렇게 할 것이라고 우리는 약속한다. 우리는 당신을 도울 준비가 되어 있고 도움이 될 거라 생각하는 아이디어가 있으니 계속해서 읽으라!

복합적인 특성

이 책의 이야기는 우리가 알고 있고 수년 동안 함께 작업해 온 수많은 여성에 대한 복합적인 기술이다. 여행의 모든 단계에서 다른 여성들의 경험에서 공통점을 찾을 수 있기를 바라는 마음에서 이 이야기를 공유한다. 사용된 이름은 모두 허구이며, 특정 여성 이야기의 세부 사항은 비밀을 보호하기 위해 변경하였고 다른 유사한 이야기와 결합했다.

차례

제2부 더 밝게

제5장 | 밝음에 적응하라: 가능성을 활용하기 / 105

제6장 | 온전함을 회복하라: 진정한 비전을 향해 나아가기 / 129

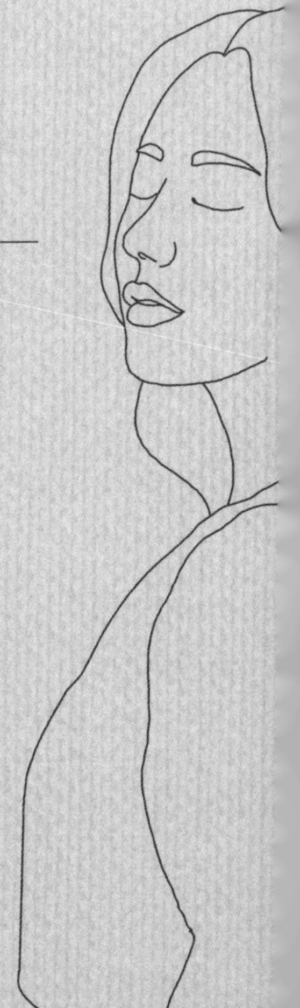

제 1 부

더 용감하게

그리고 꽃봉오리 속에 꽁꽁 묶인 채 남아 있는
위험이 꽃을 피우는 위험보다 더 고통스러운 날이 왔다.
– 아나이스 닌(Anaïs Nin) –

당신은 아마 자신을 억누르는 모든 것에서 벗어날 수만 있다면, ADHD를 가지고 있다는 것은 당신 안에 멋진 무언가가 있고 꽃이 피기를 기다리는 것처럼 느낄 수 있다고 말할 때 우리가 의미하는 바를 이해할 것이다. 문제를 관리하고 ADHD 생활에서 오는 상처, 상실 및 혼란에 대처하기 위해 최선을 다하면서 점점 더 숨어 있는 자신을 발견했을 수도 있다. 당신은 다른 사람, 즉 ADHD가 없는 사람처럼 되기 위해 자유를 찾고자 자신을 고치려고 몇 번이고 시도했을지도 모른다. 결국은 당신이 당신이기에 빛나는 놀라움을 제거하지 않거나 지치게 하는 외관 뒤에 살지 않고서는 어려운 도전을 제거할 수 없음을 발견하게 된다.

당신이 이 책을 집어 들었다면, 아마도 당신은 오래된 투쟁을 버리고, 새롭고 대담한 무언가에 에너지를 쏟을 준비가 된 것이다. 당신이 알고 있는 것처럼 자신이 누구인지, 그리고 가장 되고 싶어 하는 사람을 희생하는 것이 당신 존재를 위해 보이고, 들리고, 알려지는 개방에 대한 두려움을 직면하는 것보다 더 고통스러운 때가 오기 때문이다. 당신의 모든 것을 위해. 그러니 기다리지 말라. 지금 이 순간이 가장 좋다. 꽃을 피우기 위해 위험을 감수해야 할 때이다. 그럼 시작하자…… 용감하게!

제 1 장

부족에 온 것을 환영한다

다른 세상 만들기

이 책은 ADHD를 가진 여성을 위한 '혁신적인' 안내서로 불리며, ADHD를 가진 여성이 자신을 변화시키고 고치려고 하는 대신 단순히 자기 자신이 되는 법을 배울 수 있다는 단순하지만 '혁신적인' 아이디어를 강조한다. 이 안내서는 비정상적인 전략, 허브 또는 다이어트를 홍보하거나 ADHD의 뇌 기반 문제에 대한 효과적인 기존 치료법을 폐기한다는 의미에서 혁신적인 게 아니다. 분명히 말하지만 이 책은 약물에 대한 반대나 전략에 반대하지 않는다.

이 책은 ADHD에 관한 것이다. 그러나 진실은 그것이 전적으로 또는 배타적으로 ADHD에 관한 게 아니라는 것이다. 그 이상에 대한 것이다. 본질적으로 이 안내서는 도전과 그 모든 것, 즉 진정한 자신이 되고 가치를 부여하도록 돕는 것에 관한 책이다. 이러한 이유로 우리의 접근 방식은 뇌의 차이를 포용하고 ADHD를 가진 여성을 돕는 과정이 믿을 수 없을 정도로 미묘하고 복잡하다는 것을 인식하는 데 중점을 둔다.

뇌에 기반한 차이를 가진 사람들을 병리화하고, 비교하는 방식은 더 눈에 띄는 차이를 가진 사람들이 대다수의 금본위제(gold standard of the majority)로 판단되는 방식과 유사하다. 신경 다양성의 개념으로 토마스 암스트롱

(Thomas Armstrong, 2010)은 뇌에 기반한 차이를 가진 사람들을 열등한 존재로 보는 대신 축하하고 이해하는 훨씬 더 건강하고 광범위한 방법을 설명한다. "다른 모든 두뇌와 비교해야 하는 완벽하게 '정상적인' 두뇌가 금고 어딘가에 숨겨져 있는 척하는 대신, 표준화된 꽃이나 표준화된 문화나 인종이 없는 것처럼 표준화된 두뇌도 없다는 것을 인정해야 한다. 그리고 실제로 두뇌의 다양성은 생물 다양성과 문화와 인종 간의 다양성만큼이나 놀랍도록 풍부하다"(2–3).

이러한 독특한 두뇌 기반 문제를 가진 내담자가 신경 다양성을 수용할 수 있도록 돕기 위하여, 우리는 여러 겹의 수치심, 낙인, 혼란 아래 핵심에 있는 자신이 누구인지 이해하도록 풀어내는 과정을 통해 그들을 안내한다. 우리는 ADHD를 가진 여성들이 결국 문화적, 고유한 두뇌, 강점 및 도전을 가진 강력하고 강한 여성으로서 생존을 넘어 실제로 대담한 삶을 영위하기 위한 내부 및 관계적 장벽을 부수고 흥분되는 과정을 지켜보았다.

함께 더 나은

당신은 이 행성의 외계인이나 삶의 이방인이 아니다. 당신은 당신이 감당할 수 있다고 생각하는 것보다 더 많은 경이로움과 혼돈으로 가득 찬 ADHD 생활을 통해 여행하는 특별한 여성, 친한 동반자 커뮤니티의 일원이다. (그런데 당신은 그것을 감당할 수 있다. 당신은 이미 있다!) 그리고 이 커뮤니티에서 당신은 서로의 이야기에서 위안을 찾을 것이다.

우리는 전문적인 삶에서 심리치료사이지만, 당신과 같은 여정에 있는 여성이기도 하다. 수년 동안 우리는 이 흥미진진한 발견의 여정에 전 세계 여성을 동행하고 안내하는 특권과 기쁨을 누려 왔다. 이 힘든 여정에서 혼자가 아니라는 것을 기억하라.

어디로 가야 할지 완전히 확신할 수 없을 때 계속 나아가는 데는 용기가 필요하다. (우리 역시 그런 경험을 했다.) 불확실하다고 느낄 수도 있겠지만, 어느 시점에서 당신은 당신의 차이점과 어려움을 포용하고, 당신의 재주, 재능 및 당신을 당신으로 만드는 자질을 소유하기 위해 나아가야 한다. 당신은 이러한 작업을 해야 하고, 그것을 위해 싸워야 한다.

주의력결핍 과잉행동장애(ADHD)와 함께 오는 신비하고 눈에 보이지 않는 차이점을 가진 여성의 경우, 우리가 누구인지 숨기지 않고 꽃을 피울 때까지 불꽃을 계속 유지하고 천천히 그러나 확실하게 열리려면 특별한 종류의 용기가 필요하다.

어느 시점에서 ADHD는 아마도 자신을 알리고, 생각하는 바를 말하고, 자신이 누구인지 보여 주는 능력에 영향을 미쳤을 것이다. 사실 ADHD를 가진 여성으로서 담대하게 살기 위한 이 여정은 전적으로 ADHD에 관한 것이 아니다. 다른 사람들은 외부에서 볼 수 없는 보이지 않는 차이를 가진 여성으로서 자신의 진정한 자아를 어떻게 보고 표현하는지에 대한 것이기도 하다.

당신이 자신과 ADHD 문제에 대해 생각하는 방식은 차이에 대한 반복되는 메시지의 점진적이고 궁극적인 내면화, 다수의 외부에서 생활하는 함축된 결과(신경 전형적인[1] 및 기타) 그리고 그러한 신념 체계가 계속해서 현재 당신의 내적, 외적인 경험에 영향을 주는 형식에 의해 조각이 된다. 그리고 차이에 대한 당신의 생각을 이해하는 것이 중요하다. 왜냐하면 이것이 바로 ADHD를 가진 여성이 사는 세상, 다름의 세상이기 때문이다.

---

1) '신경 전형적인'은 신경학적으로 '전형적인' 것으로 간주되거나 ADHD, 자폐 스펙트럼 상태, 학습장애 또는 기타 유사한 신경학적 또는 신경발달장애와 같은 차이가 없는 개인을 설명하기 위해 임상 및 학문 영역에서 점점 더 인기를 얻고 있는 용어이다. 반대로, ADHD를 가진 개인은 신경 비정형 또는 신경 다양성으로 간주된다. 이 용어는 절대적인 의학적 또는 심리학적 기술이 아니며, 세상에서 '올바른' 방식에 대한 어떤 종류의 판단이나 주장도 포함하지 않는다. 왜냐하면 이 용어들은 단순히 대부분의 일에서 평균적인 기능 범위에 속하는 사람들과 더 가변적인 뇌 기반 어려움을 보이는 사람들을 구별하는 데 도움이 될 것이다.

ADHD 치료 재정의

ADHD 치료의 복잡성은 다음과 같다. 당신이 자신의 차이를 온전히 확인하고, 수용하고, 존경하고 나서야 비로소 당신은 진정으로 변화의 과정에 참여할 수 있다. 그때까지 당신은 자신과의 힘들고 이길 수 없는 싸움을 하고 있는 자신을 발견하게 될 것이다. 또 다른 심리치료사는 "기이한 역설은 내가 있는 그대로의 나 자신을 받아들일 때 변화한다는 것이다."라고 말했다 (Rogers, 1961, 17).

ADHD는 인지, 감정 및 행동, 구체적으로 뇌의 실행 기능으로 알려진 것과 관련된 것들에 후속적으로 영향을 미치는 구조적 · 화학적 및 의사소통의 차이를 포함하는 유전적, 만성, 뇌 기반 상태인 것으로 일관되게 밝혀졌다.

토마스 브라운(Thomas E. Brown, 2005)은 인지 기능의 관리자로서 뇌의 실행 기능 시스템을 설명하기 위해 심포니 오케스트라의 은유를 사용한다.

> 각각의 연주자가 자신의 악기를 매우 잘 연주하는 교향악 오케스트라를 상상해 보라. 오케스트라를 편성하고 연주자들이 함께 시작하거나, 목관악기의 도입이나 현악기의 페이드아웃을 알리거나, 모든 연주자에게 음악의 전반적인 해석을 전달할 지휘자가 없다면, 오케스트라는 좋은 음악을 만들어 내지 못한다. ADHD의 증상은 개별 연주자가 아니라 오케스트라 지휘자의 장애에 비유할 수 있다(10).

뇌의 이러한 관리 기능은 작업을 시작하기에 충분할 만큼 스스로를 활성화하고, 작업을 시작하면 집중을 유지하고, 에너지나 관심이 약해지면 계속 집중하는 능력에 영향을 미칠 수 있다. 이는 가장 기본적인 정보이다. 실행 기능을 이해하는 방법에 대한 자세한 내용은 이 책에 대한 웹사이트(http://

www.newharbinger.com/32617)의 'Resources' 목록을 참조하라.

실행 기능을 이해하게 되면 조직화하고, 조정하고, 우선순위를 매기고, 일과를 유지하고, 시간을 관리하고, 세부 사항을 기억하는 것과 관련한 문제가 내면화된 직무 설명과 어떻게 충돌하고 우리 자신과 어려움을 느끼는 방식에 어떻게 혼란을 줄 수 있는지 이해하는 데 도움이 된다(Solden, 2005, 58-59).

치료의 진정한 '혁신적인' 목표

당신이 자신의 ADHD에 대해 어떻게 생각하고 있으며, ADHD 치료 목표에 대해 들었거나 믿게 된 것을 잠시 생각해 보라.

당신이 ADHD 치료에 대해 생각하는 방식의 변화를 고려하도록 요청한다면 어떻게 될까? 치료 목표를 설명하는 방법과 ADHD를 가진 여성으로서 자신과 관계를 맺는 방식의 변화가 치료를 진정으로 효과 있게 만드는 잃어버린 열쇠라면 어떻게 하겠는가? 기꺼이 그렇게 하겠는가?

우리는 ADHD 치료의 목표가 자신을 극복하거나 근본적으로 변화시키거나 왜곡하는 것이 아니라, 희망과 꿈을 향해 나아가고 참자기와 관계를 심화하며 당신에게 도움이 되는 공간과 관계를 만들기 위해 당신의 장점과 목소리를 사용하는 것이라 믿는다.

치료의 목표는 당신의 실제 모습을 극복하는 게 아니라, 자신의 진정한 모습에 더 쉽게 다가가도록 하는 것이라면 어떻겠는가?

우리는 당신이 자신과 당신의 도전을 받아들이는 것을 고려하기를 요청한다. 체념하거나 수동적이지 말고, 의미와 연결을 향한 삶의 실제적이고 만족스러운 변화의 과정을 시작하라.

우리는 당신의 ADHD 어려움을 해결하기 위한 모든 효과적인 전략을 절대적으로 추천한다. 우리는 당신이 삶을 영위하기 전에 완벽하게 정리될 때까지 기다리기를 원하지 않는다! 약물, 치료, 코칭 및 기타 ADHD 친화적 중

재를 통해 자신의 진정한 모습을 훨씬 더 쉽게 만들 수 있다. 이것이 모든 치료의 진정한 목표이다. 전략과 조직적인 도움은 당신의 삶을 더 편안하게 만들고 내면의 고통을 진정시키지만, 손상된 상품을 수리하거나 당신을 자신이 아닌 다른 사람으로 만드는 방법으로 접근해서는 안 된다.

우리는 의심의 여지 없이 수치심의 문제를 해결하는 것이 ADHD를 가진 사람들에게 필수적이라는 것을 안다. 사실, 많은 저명한 ADHD 전문가와 연구자들은 ADHD 치료의 필수 요소로 이 심층 작업의 중요성을 강조하기 시작했다(Hallowell & Dodson, 2018; Hinshaw, 2018). 이 책은 당신을 ADHD 치료에서 이 획기적인 발전을 담고 있는 여정으로 데려다줄 것이다.

차이점에 관한 생각이 편안해질 때까지 당신은 ADHD의 삶을 가장하고, 달래고, 숨기고, 부끄러움을 느끼며 보낼 것이다. 초기 인생 경험에 따라 ADHD에 대한 생각을 바꿀 수 있는 지점에 도달하는 데 오랜 시간이 걸릴 수 있다. 기억하라. 어떤 약을 먹든, 어떤 반짝이는 새로운 조직 시스템을 시도하는지는 중요하지 않다. 당신의 목표가 당신 자신을 극복하는 것이라면 당신은 거기에 도달하지 못할 것이다.

다음은 이 책 전체에서 접하게 될 여러 성찰 질문 중 첫 번째 질문이다. 글을 쓰고 아이디어를 발전시키는 데 더 많은 공간이 필요하다고 생각되면 저널을 구할 수 있다.

성찰: 치료 목표

ADHD 치료 하면 가장 먼저 떠오르는 것은 무엇인가?

____

____

____

목표 중 일부가 다음과 같은 경우에 어떤 모습일지 생각해 보라.

- 나의 희망과 꿈을 향해 나아가기
- 나 자신과의 관계 심화하기
- 나의 강점 활용하기
- 내 목소리 사용하기
- 나에게 더 잘 맞는 공간 만들기
- 상호 만족스러운 관계 구축하기
- 나의 진정한 모습에 더 쉽게 접근하기

개와 가구만 수리가 필요하다

ADHD를 가진 많은 여성은 몇 차례의 ADHD 중심 치료가 그들을 '고칠' 것이라는 뿌리 깊은 희망을 가지고 있다. 게다가 빠를수록 좋다!

우리는 빠른 수리 문화에 살고 있다. 천천히 펼쳐지는 과정의 불확실성과 함께 앉아 있는 것은 누구에게도 쉽지 않고 소수에게만 입맛을 돋우는 일이다. 그러나 현실적인 상황은 당신이 해결해야 할 문제가 아니라는 것이다.

우리는 ADHD 때문에 어려운 순간에도 결핍이 아닌 기회를 보기 때문에 신속하고 절대적인 해결책을 제시하지 않는다. 안심하라. 이러한 생각, 두려움 및 질문을 갖는 것은 괜찮다. 앞으로 나아가기 위해 ADHD를 '재능'으로 볼 필요는 없다. 고칠 필요가 없다는 생각을 내면화하고 편안하게 느끼는 데 시간이 걸릴 수 있다. 당신은 저자인 우리가 ADHD와 함께 살아가는 데 내재된 갈등을 인정하지 않고 있다고 걱정할 수 있다. 우리는 그렇지 않다.

우리는 치료사로서, 그리고 ADHD를 가진 여성으로서 그 어려움을 알고 있다. 그리고 우리는 자신의 삶과 두뇌를 근본적으로 고치려는 욕망과 결탁

하는 것이 궁극적으로 가장 원하는 평화와 기쁨을 찾는 과정에 엄청나게 해롭다는 것을 발견했다. 사실 '수리 및 교체'의 목표는 ADHD 증상을 더 잘 관리하려는 시도를 완전히 방해할 수 있다. 따라서 처음에는 약간 불편할 수 있지만 자신을 고치려는 노력이 결코 효과가 없다고 말할 때 우리를 믿으라. 너무 열심히 노력하는 것을 멈추고 투쟁을 중단할 수 있다고 생각하라. (약속하건대, 그것은 아무 데도 가지 않을 것이고 그것을 잃어버리지 않을 것이다.)

이제 우리는 ADHD를 가진 여성들에게 흔한 경험의 때를 제공하는 많은 발견하기 연습 중의 첫 번째 연습을 시작한다. 이러한 연습에는 변화를 위한 힌트나 제안이 포함된다. 일부는 생각을 더욱 확장하도록 요청하는 성찰 연습을 동반하기도 한다. 떠오르는 생각이나 느낌을 자유롭게 적어 보라.

발견: 아직 멀었는가

다음 질문의 일부 버전은 일반적으로 ADHD를 가진 여성이 치료사에게 흔히 묻는 질문이다. 이 중에 당신에게 해당하는 질문이 있는가? 그렇다면 당신에게 반향을 일으키는 것에 체크하고 당신의 반응을 주목하라.

□ "얼마나 심각한가요, 박사님?"

□ "제가 다른 여성들처럼 보이는 방법을 배우도록 도와줄 수 있나요?"

□ "이를 극복하려면 몇 회를 해야 하나요?"

□ "이렇게 하면 더 체계적으로 / 생산적으로 / 건망증을 줄이는 데 도움이 되나요?"

□ "이러한 유형의 영구적인 기이함을 어떻게 극복하나요?"

어쨌든 다르다는 것이 뭐가 그렇게 나쁘다는 것인가

우리가 더 깊이 들어가기 전에, 당신이 다르다는 의미에 대해 무엇을 내면화했는지를 아는 것이 중요하다.

ADHD를 가진 여성으로서 우리가 깊이 내면화한 많은 메시지와 제한적인 신념은 우리와 가까운 사람들의 차이와 인식에 대한 초기 경험에서 비롯된다. 종종 이러한 메시지는 우리를 여러 겹의 수치심, 죄책감, 두려움 및 일반적으로 충분히 좋지 않은 상태에 갇히게 하는 뒤얽힘 상태를 낳는다. 이러한 얽힘을 탐색하기 위해 우리는 한 사람 또는 한 그룹의 사람들이 감히 다르게 하거나 그들의 차이점을 드러내려고 할 때 체계(관계, 커뮤니티, 그룹 등) 내에서 어떤 일이 발생하는지 인식하고 있어야 한다.

킴의 이야기: 가족을 혼란에 빠뜨리는 차이점

킴이 전통적인 학교교육에 어려움을 겪었을 때, 자신들의 뒤를 이어서 의사가 되기를 바랐던 그녀의 부모는 킴에게 "그냥 지원하고 더 열심히 하면 돼."라고 말했으며, 그녀가 역사를 전공하고 싶다는 뜻을 밝혔을 때는 "말도 안 되는 소리 하지 마."라고 말하며 눈을 동그랗게 뜨고 걸어갔다. 킴에게 있어서 차이를 표현하는 것은 이상하고 위협적이며 용납할 수 없는 것으로 해석되었다. 그 '작은' 메시지에는 강력한 힘이 있다.

우리 중 많은 사람에게 차이점의 표현은 적어도 어느 시점에서 장애물로 이어졌다. 일반적으로 모든 종류의 시스템은 변화에 저항한다. 왜냐하면 그 방식이 항상 건강에 좋지 않을지라도, 그룹 구성원은 '항상 그래 왔던 방식'에 익숙하고 편안하기 때문이다. 변화와 차이점에 대한 저항은 일종의 무의식적 집단 생존 메커니즘으로 작용한다.

이 책에 요약된 목표는 조직화하는 것을 배우는 것을 훨씬 능가한다. 이 책은 다음을 배우는 데 도움이 될 것이다.

- 핵심 정체성을 두뇌 기반 도전에서 분리하기
- 자신이 줄어들도록 허용하지 않기
- 자신의 피부, 뇌, 삶이 완전하다고 느끼는 온전한 사람이 되기
- 자신을 보호하면서 다른 사람들과 가까이 지내기
- 자신의 증상을 관리할 수 있도록 자신의 ADHD 도전에 집중하기
- 모든 것을 포기하는 대신 자신을 채울 방법을 찾기

ADHD와 함께 편안하게 생활할 수 있는 곳으로 이동하려면, ADHD와 싸우는 대신 세상에서 다른 방식을 가진 여성이 된다는 것이 무엇을 의미하는지에 대해 깊고, 아마도 거의 알아채지 못한 신념과 두려움에 대한 인식을 가져야 한다. 차이점을 표현하는 것이 무엇을 의미하는지에 대해 유년기에 배운 것을 탐색해 보라.

브리아나의 이야기: 자신을 극복하라!

27세의 브리아나는 ADHD가 있는 유색인종 여성으로서 정체성의 가시적 측면과 비가시적 측면 모두와 관련된 많은 메시지와 학대를 회상한다. 이러한 메시지는 분리감, 그녀의 권리와 욕구에 대한 무시, 그녀 목소리의 침묵을 깊이 각인시켰다. 높은 성취자들로 가득 찬 가족 내에서도 브리아나는 자신의 어려움을 최소화해야 하고, 도전은 억누르지 말고 넘어야 한다는 메시지를 심각하게 두려워했다. 그녀의 교사들은 그녀가 얼마나 똑똑한지에 주목하면서, 그녀가 도움을 요청할 때 지시를 반복하거나 다른 합리적인 편의를 제공함으로써 그녀의 요청을 거절했다.

브리아나는 그녀가 받은 모든 메시지와 계속해서 고군분투하고 있다. "모

두가 고군분투하고 있어. 혼자, 그리고 조용히 문제를 해결해." "너의 욕구는 우선순위가 아니야, 네 목소리는 중요하지 않아." "무엇이 너에게 특별한 대우를 받고 있다고 생각하게 하지?"

발견: 차이점 표현하기

다음의 형용사 중 당신에게 친숙한 방식으로 문장을 완성하는 것에 표시하거나 자신의 것을 추가하라.

소녀로서 나는 다름을 표현하는 것이 ……라는 것을 배웠다.

- ☐ 위험한
- ☐ 신성 모독의
- ☐ 위협적
- ☐ 무례한
- ☐ 평균의
- ☐ 비열한
- ☐ 무의미한
- ☐ 단절된
- ☐ 부끄러운
- ☐ ______________________

혹은

- ☐ 존경받는
- ☐ 격려받는
- ☐ 창의적이고 독립적인
- ☐ 좋은 일
- ☐ 강력한
- ☐ 필수적인
- ☐ 자유로운
- ☐ ______________________

성찰: 차이점 표현하기

돌아보면서 당신이 자라면서 다름을 표현하는 것의 위험성에 대해 배운 것을 기억해 보라.

눈에 보이는 것이든 보이지 않는 것이든, 자신의 것이든 다른 사람의 것이든 차이의 개념에 대해 생각할 때 어떤 감정이나 생각이 떠오르는가?

돌이켜 보면 크고 작은 면에서 가족들과 어떻게 달랐는가?

당신의 차이점은 어느 정도 격려되거나 용인되었나?

가족, 지역사회 또는 일반적인 문화에서 보이는 것과 보이지 않는 다른 사람들의 차이점에 대해 표현된 견해는 무엇인가?

자신의 생각을 말하도록 격려받았는가, 아니면 눈에 띄는 게 위협적이었는가? 그것이 당신에게 어떤 영향을 미쳤는가? 계속해서 어떤 영향을 미칠 수 있는가?

다름에 대한 생각의 발생 기원

차이가 나는 것은 아무 문제가 없다. 아름다운 것이다. 그러나 차이는 또한 사회적 패턴, 역할 및 권력 계층의 촘촘하게 짜인 그물망을 위협할 수 있다. 집단 규범이 차이에 대한 두려움을 조장할 때 이러한 신념은 세대, 지역사회 및 가족을 통해 교활하게 흐른다. 이러한 보이지 않는 두려움의 사슬에서 벗어나려면 상당한 자각, 내성, 용기 및 자기주장이 필요하다.

우리 모두는 사회적 · 역사적 · 가족적 맥락과 불가분의 관계에 있다. 예를 들어, 어머니로부터 받은 메시지를 되돌아보면 처음에 어머니가 아이디어를 어디서 얻었는지 빠르게 식별할 수 있다. 아마도 인종차별, 경제적 특권 또는 희소성, 종교적 박해, 가족 비밀의 그림자, 여러 세대에 걸친 알코올중독의 트라우마, 또는 단순히 존스 가족을 따라잡으려는 가족의 경험에서 어머니가 그러한 아이디어를 얻었을 수 있다.

사회적 기대는 문화, 지역사회, 가족 내에서 체계적 · 다세대적으로 전달되며 공공 정책과 제도에 의해 강화된다. 그중 일부가 객관적으로 볼 때 지금 우리에게 우스꽝스럽게 보일지라도, 우리는 특정 규범들이 생성된 이유를 이해하기 시작할 수 있다. 우리는 또한 그들이 얼마나 강력하게 계속 작동하고

성찰: 세대적 경험

자신의 가족 역사에 대한 몇 가지 생각이 떠올랐는가? 여기에 간단히 메모하라.

____

____

____

우리의 차이점과 어려움에 비추어 우리 자신을 보는 방식에 영향을 미칠 수 있는지 알 수 있다. 브리아나의 경우 '혼자서 더 열심히 노력하라.'라는 사고방식이 어떻게 발전했는지 이해하면서 그녀가 지치고 도움을 요청해야 할 때를 알아차리기 시작했다.

ADHD 수용하기

진단을 받은 후 ADHD를 '받아들이는 것'에 대한 이야기를 들었을 것이다. 사람들은 인생이 변경되는 상황을 받아들일 때 겪는 일반적인 단계를 설명하는 '애도 주기'를 읽기나 실제 경험을 통해 익숙할 것이다(Kübler-Ross-Ross, 1969). 부인, 분노, 협상, 우울 및 수용의 애도 과정은 확실히 성인 ADHD의 진단 후 여정과 관련이 있다(Solden, 2005).

그러나 실제로 우리는 '수용'이라는 단어가 종종 무시되고, 따라서 애도 과정과 함께 진행되는 단계는 그들이 꿈꾸는 통합에 도달하기 위해 고군분투하는 여성들에게 중심을 잡는 것이 아니라 초점이 왔다 갔다 하는 것처럼 보인다는 것을 알아차렸다.

'수용'이라는 단어가 부담감을 주는 것으로 보인다. 이것은 한편으로 "그냥 하라."와 같이 가볍게 사용할 수 있는 단어일 수 있다. 반면에 "포기하지 말고 더 열심히 하라."처럼 실제 수용 과정은 너무 빨리 버려질 수 있다. 그래서 우리에게는 당신을 위한 질문이 있다. 당신은 ADHD를 가지고 살아가는 것을 수용하는 과정에 저항한 적이 있는가?

아직도 "더 노력하면 된다. 삶을 힘들게 하는 이 일을 내가 어떻게 하면 받아들일 수 있을까?"라는 말을 여전히 붙들고 있는가? 더 열심히 하는 사고방식이 역효과를 낳는다는 것을 고려하기를 바란다. ADHD는 당신의 일부이다. 당신은 그것과 함께 태어났고 함께 죽을 것이다. 그것을 경멸하고 그것과 싸우는 것이 지금까지 당신에게 어떤 효과가 있었는가? 당신의 삶에서 얼마나 많은 시간을 자신의 일부와 씨름하고, 심지어 미워하면서 시간을 낭비하고자 하는가? 그 고정된 마음가짐(fixed mind-set)이 당신에게 진정으로 무엇을 했는가? 그것이 당신을 당신이 원하는 곳으로 더 가깝게 옮겨 주었는가?

발견: 수용에 대한 당신의 태도

수용으로 넘어가기 전에 그 과정에 대한 자신의 태도를 검토하는 것이 도움이 된다. 수용이 다음 중 하나를 의미한다고 생각하는가? 해당하는 항목에 체크하라.

□ 체념
□ 약점
□ 포기하기
□ 수동적
□ 실패를 수용하기
□ 목표를 더 낮추기
□ 기타: ________________

당신의 경험 일부에 맞서 싸우는 것은 모래사장에서 탈출하려는 것과 같다. 더 많이 싸울수록 더 많이 가라앉을 운명이다. 당신을 괴롭게 하는 것과의 투쟁을 중단하고 수용으로 나아가는 것은 고통을 없애려고 애쓰는 것보다 더 효과적이고 지속적인 결과를 낳는다. 우리가 불편함을 가져오는 것을 피할수록 그 불편함을 계속 가질 가능성은 더 커진다(Hayes, Strosahl, & Wilson, 2016).

수용의 개념은 복잡하다. 기본적인 수용 수준 너머에 혁신적 수용이라는 것이 있다. 『현실적인 수용(Radical Acceptance)』에서 타라 브랙(Tara Brach, 2003)은 다음과 같이 기술하고 있다.

> 혁신적 수용은 우리 자신을 무시하는 긴 세월, 우리 자신을 가혹하게 판단하고 대하는 긴 세월, 이 순간을 거부하는 긴 세월의 경험에 대한 해독제이다. 혁신적 수용은 우리 자신과 삶을 있는 그대로, 그리고 기꺼이 경험하려는 의지이다(4).

수용은 수동적이지 않고 체념도 아니다. 이 순간에 어떤 방식으로든 자신과 상황을 존중하는 것은 지속적인 선택이다. 사실 당신은 '혁신적으로 받아들이기' 위해 당신의 도전을 특별히 포용할(또는 좋아할) 필요가 없다. 자신을 존중하는 이 용기 있는 곳에서 당신은 권한 부여의 토대와 당신의 독특한 욕구와 욕망에서 새로운 활동을 시작할 수 있다.

요컨대, 수용은 변화의 건설이 가능한 플랫폼이다. 저자 셰릴 스트레이드(Cheryl Strayed, 2012, 352)는 '수용은 작고 조용한 방'이라고 웅변적으로 표현했다. 그것은 또한 우리가 취하는 모든 의미 있는 단계의 시작이기도 하다. 특히 우리 모두(예: 모든 사람)가 인생의 어느 시점(ADHD이든 아니든)에 역경과 투쟁에 직면할 것이기 때문이다.

성찰: 수용에 대한 당신의 태도

특히 ADHD를 가진 삶에 대해 생각할 때 '수용'은 당신에게 무엇을 의미하는가?

___

___

수용을 생각할 때 어떤 두려움이 떠오르는가?

___

___

'더 열심히 노력하라.'라는 사고방식이 당신에게 어떤 영향을 미치는가? 동일한 목표 또는 기능에 대한 다른 경로는 무엇이 있을까?

___

___

___

수용이란 자신이 누구인지, 즉 자신이 누구인지 완전히 알고 그러한 자각을 사용하여 그것이 당신에게 의미하는 바가 무엇이든 성공적이고 만족스러운 삶을 건설하는 것을 의미한다.

폴라 이야기: 수용 찾기

폴라에게 수용이란 그녀가 집, 시간, 과제를 정리하는 데 어려움을 겪고 있지만(약물과 전략에도 불구하고) 여전히 삶의 초점을 그녀의 글쓰기에 집중할 수 있다는 것을 의미하며, 이는 그녀에게 큰 평화를 가져다준다. 그녀는 영감을 주는 자신의 블로그 독자들을 도우면서 큰 성공과 만족을 누리고 있다. 그녀는 아직도 쌓인 미납 청구서, 지저분한 차, 답이 없는 문자와 이메일, 건강보험 청구서, 뒤늦은 생일 카드 등을 처리해야 하는가? 그렇다, 그렇다, 그렇다! 그러나 그녀가 그녀의 강점을 추구하는 데 삶의 일정 부분을 집중하는 선택을 하지 않았더라도, 여전히 모든 것을 해야 할 것이다.

이제 폴라가 과제와 목록으로 돌아오면 여전히 ADHD 관련 스트레스를 겪고 있지만, 핵심에서는 자신에 대해 훨씬 더 나은 기분을 느끼고 있다. 이러한 평화의 감정, 의미, 목적, 가치는 그녀가 이전보다 덜 판단적인 관점에서 그녀의 ADHD 문제를 보는 데 도움이 되며, 따라서 그녀는 그녀가 필요로 하는 고유한 지원을 찾을 가능성이 더 크다. 폴라는 더 이상 ADHD 문제에 대해 끊임없이 자신을 꾸짖지 않으며, 이로 인해 자신의 안녕과 일상 기능에 큰 변화를 낳고 있다.

요약하면, 나쁜 소식은 당신이 자신을 '고칠' 수 없다는 것이다. 좋은 소식은 그럴 필요가 없다는 것이다(진짜로 그렇다).

제1장 요약

- ADHD를 가진 여성들은 어린 시절에 자신이 다른 점을 가진 사람이라는 것에 대해 받은 메시지와 관련하여 자주 수치심을 품고 있다.
- ADHD를 가진 여성은 어느 시점에서 자신의 다른 점을 받아들이는 과정을 시작해야 한다.
- 이것은 작업이 필요한 과정으로, 갑작스러운 결정이기보다는 점진적인 전개에 가깝다.
- 수용은 체념을 의미하지 않는다. 판단을 버리고 자긍심과 현실의 통합으로 옮겨 가는 것을 의미한다. 이러한 결과로 ADHD를 가진 여성이 자유롭게 자신의 삶과 도전에 강인함과 연민으로 접근할 수 있다.

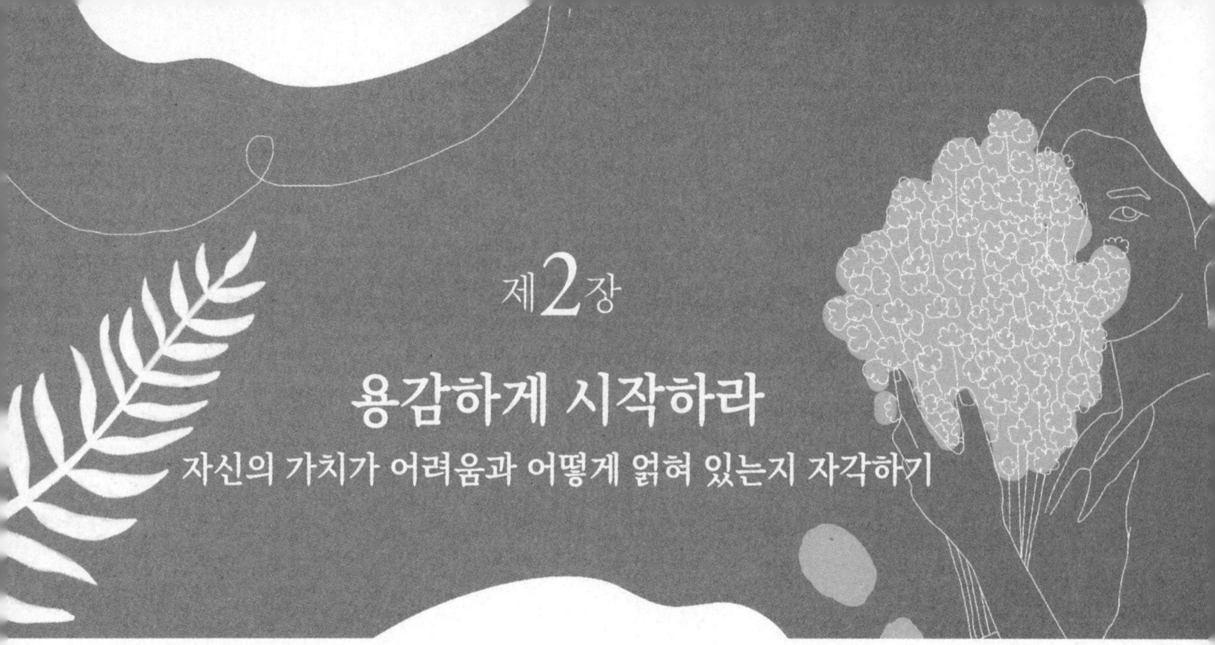

제2장

용감하게 시작하라

자신의 가치가 어려움과 어떻게 얽혀 있는지 자각하기

우리의 핵심 정체성에서 ADHD를 푸는 여정은 우리의 독특한 삶의 경험에 대한 인식에서 시작된다. 우리의 자존감이 도전과 어떻게 얽혀 있는지를 인식하려면 과거와 우리 자신에 대한 관점을 깊이 들여다볼 필요가 있다. 이를 위해서는 용기와 우리가 발견한 것이 유익하다는 믿음이 필요하다. 결국 '용기는 두려움이 없는 것이 아니라 두려움보다 다른 것이 더 중요하다는 판단'이다(Redmoon, 1991).

두려움은 굶주린 짐승이다. 이제는 먹이 주는 것을 중단할 때이다.

두려움은 우리 삶의 질에 대한 치열한 적이자 경쟁자이다. 실패에 대한 두려움이나 '발견'되는 것에 대한 두려움을 반드시 멈출 수는 없지만, 두려움에게 우리를 막을 수 있는 힘을 너무 많이 주는 것은 멈출 수 있다. 우리는 두려움을 부정함으로써 승리하는 것이 아니라, 그것을 부추기는 것을 거부함으로써 승리한다. 그 대신 우리는 두려움의 존재와 평화를 이룰 수 있다.

이것을 개념화하는 매우 유용한 한 가지 방법은 두려움을 아름다운 크로스 카운티 기차 여행의 성가신 승객으로 생각하는 것이다. 창밖으로 펼쳐지는 그림 같은 시골 풍경, 우리가 만나는 사람들, 늘 꿈꾸어 왔던 곳으로 여행하는 설렘을 만끽할 수 있으며, 기차 어딘가에는 성가시고 짜증 나고 때로는 방해가 되는 다른 승객이 존재한다. 또한 우리는 결정할 수 있다. 이 짜증 나는 사람이 나와 함께 기차의 어딘가에 있는 한 나는 아무 데도 가지 않을 것이다! 이런 대안을 선택함으로써 불쾌함(두려움)을 피할 수 있지만, 여행을 완전히 망칠 수 있다(Hayes, Strosahl, & Wilson, 2016)! 그것은 우리가 두려움에게 우리의 기쁨을 빼앗는 힘을 주기 때문이다.

어려움에서 당신의 핵심을 풀어내기

여정에서 가장 어려운 부분은 보이지 않는 차이를 가진 여성으로서 당신 삶의 평생 동안 받은 내면화된 수치심과 낙인이라는 교활하고 해로운 메시지의 독성 효과를 분해하는 것이다. ADHD 여정의 핵심은 도구와 전략을 추가하는 것과 마찬가지로 자신에 대한 잘못된 신념을 버리는 것과 관련이 있다. 이것이 무엇보다도 먼저 인식해야 할 점이다. 왜냐하면 이 연결고리, 즉 당신의 어려움과 가치를 묶는 고리는 부주의 증상보다 훨씬 더 심각한 문제이기 때문이다.

우리 가운데 다수가, 심지어 다양한 방식으로 꽤 성공한 사람들인데도 우리의 독특한 ADHD 뇌 배선의 수치심에 여전히 위축됨을 느낀다. 아마도 당신은 세상에서 제한적인 감각으로 자신을 묶어 두는 그물에 걸린 것처럼 느낄 것이다. 상황이 다를 수 있는지 궁금해할 수 있다. 대답은 무조건 그렇다이다! 실제로 당신은 ADHD를 가진 여성으로서 강인하고 자랑스럽게 살 수 있다. 당신은 당신의 소중한 자아의식을 왜곡시키는 수치심과 숨기기라는 촘촘한 태피스트리를 인식하고 풀기 시작하여 당신에게 가장 의미 있는 진정성 있고 권한이 있는 길로 더 완전히 들어갈 수 있다.

용감하게 살아남기: 풀기 전의 삶

ADHD가 진단되지 않았거나, 치료되지 않았거나, 관리되지 않았거나, 잘못 이해되었을 때 이 두뇌 차이와 관련된 문제는 압도적이다. 우리 중 많은 사람이 마치 물을 밟거나 간신히 버틸 수 있는 것처럼 느낀다.

진단되지 않은 ADHD를 가지고 살아가는 유년기 동안에 확인되지 않은 증상이 불타고, ADHD 마음이 우세하고, 감정의 폭풍에 압도되고, 매일 끊임없이 불을 끄는 소방관처럼 느껴져 하루를 보내려고 노력하는 것만으로도 압도당했을 것이다. 육체적으로나 감정적으로나 만성적으로 지칠 때는 자부심과 권능을 부여할 여지가 거의 없다.

종종 이 단계에서 ADHD 차이와 그에 따른 행동은 성격 결함으로 간주된다. 증상을 그냥 그렇게 인식하는 대신, ADHD 관련 문제는 "나는 나쁘다."와 같이 일반적인 수치심에 기반한 이야기의 일부 버전으로 쉽게 잘못 해석될 수 있다. 당신은 여정의 이 단계에서 강렬하고 불편한 감정적 경험뿐만 아니라 자동적 · 비판적이며, 심지어 완전히 비열한 혼잣말을 경험했을 수도 있다.

우리가 다른 사람들에게 우리의 어려움을 설명하려고 할 때 일반적으로 판단, 거부 및 무효화의 경험을 패배적이고 무력하게 만드는 경험을 마주하는 것은 흔하다. 이러한 종류의 상호작용은 부정적인 혼잣말을 부추기고 낙담하는 순환을 만들며 더 깊이 뿌리내린 제한적 신념을 만든다. 그럴 때 우리의 부정적인 생각은 내면의 경험과 신념으로 물든 세계관으로 변한다. 비록 그 렌즈가 왜곡되어 그러한 신념이 방해가 되더라도 말이다.

우리는 이미 믿고 있는 것에 대한 확인을 추구하는 경향이 있기 때문에 시간이 지남에 따라 부정적인 신념이 증가한다. 미래의 거절과 판단을 기대하며 사는 것은 자기충족적 예언과 도움이 되지 않고 회피적인 대처 메커니즘으로 이어질 수 있다. 친구를 만나지 않거나, 비디오 스트리밍으로 일주일을 허비하거나, 부엌의 찬장을 뒤지거나, 와인 한 잔에서 한 병을 먹어 버린 적이 있는가?

발견: 당신은 용감하게 생존하고 있는가

생존의 단계를 조금 더 탐색하여 당신이 지금 어디에 있는지 알아보자. 여정의 이 시점에서 여성들이 어떻게 느끼고 그들이 당신과 어떤 관계를 가질 수 있는지에 대한 다음과 같은 일반적인 설명을 고려하라. 이것들을 자유롭게 확장하라.

- ☐ 빙글빙글, 돌아가는
- ☐ 어지러운, 정리되지 않은
- ☐ 혼란스러운 생활
- ☐ 만성 스트레스, 지쳐 압도
- ☐ 압도감을 느끼는
- ☐ 미쳐 가는
- ☐ 겨우 매달려 있는
- ☐ 엉켜 붙은, 갇힌
- ☐ 잃어버린
- ☐ 끝나지 않는 롤러코스터를 타고 있는
- ☐ 선혜엄치는, 익사하는
- ☐ 최선을 다해도 따라가지 못하는
- ☐ 홀로, 이해받지 못하는
- ☐ ____________________
- ☐ ____________________
- ☐ ____________________

자신의 신념을 자각하기

ADHD에 대한 어려움을 이해하지 못하거나 아직 확인하지 못했다면 일상생활에서 간신히 살아남을 수 있다. 부정적인 자기평가와 불안이 뒤따르는 것은 이해할 수 있다. 이것을 당신이 개인적으로 받거나 다른 사람들에 대해 들을 수 있는 메시지와 짝 지어 보라("당신은 항상 늦다." "그녀는 자기 자신에게만 관심이 있다."). 당신은 하향식 나선형의 방안이 있을 것이다. 이 시점에서 별로 용기가 나지 않을 수도 있지만, 이러한 고난에 직면하여 끈기와 회복력을 가지고 일어나 일상생활을 하려면 실제로 상당한 용기가 필요하다. 생존 단계에서도 용기가 있다.

당신의 자기대화는 실제로 무엇을 말하고 있나

언어는 인간 경험을 정의하는 부분이며 뇌가 사물을 이해하는 데 사용하는 도구이다. 우리가 자신과 대화하는 방식은 다른 사람, 세상, 우리 자신과 관계를 맺는 방식에 중대한 영향을 미친다. ADHD를 가진 성인은 그렇지 않은 성인보다 부정적인 자기대화를 더 많이 하기 때문에 자신에게 어떻게 말하는지 살펴보는 것이 중요하다(Mitchell et al., 2013).

당신은 흔히 자기대화로 번역되는 공통된 두려움, 신념, 오래되어 뿌리 깊은 이야기의 일부 버전을 품고 있을지도 모른다. 이러한 생각이 자주 자동으로 마음을 스쳐 지나간다면 그것을 완전히 인식하지 못할 수도 있다. 이러한 생각은 시간이 지남에 따라 연습을 통해 경로를 변경할 수 있지만 먼저 판단 없이 인식해야 한다(때때로 우리는 우리 자신을 판단하는 것에 대해 스스로를 판단하기까지 한다! 친숙한가?).

발견: 자기대화 목록

다음은 ADHD를 가진 여성에게 흔히 나타나는 매우 일반화되고 과장된 부정적인 자기진술 목록이다. 특히 이러한 자기진술은 눈에 보이지 않는 차이와 함께 생활한 경험뿐만 아니라, 자신을 어떻게 볼 수 있는지와 관련이 있다.
관련되거나 동일시하는 생각 옆에 체크하라. 모두 읽은 후에는 처음으로 돌아가서 가장 일반적인 세 가지에 별표를 표시하라. 열린 마음, 연민, 판단하지 않는 마음으로 이 연습을 해 보라! 그리고 기억하라. 이러한 진술은 부정적인 자기대화의 일부이며, 확실히 당신에 대한 진실은 아니다.

☐ 뭔가 문제가 있다.
☐ 나는 고장 나서 고칠 필요가 있다.
☐ 내가 원하는 삶을 한 번이라도 살 수 있을지 모르겠다.
☐ 나는 결코 나의 잠재력에 도달하지 못한다.

☐ 나는 있는 그대로의 나를 받아들일 수 없다.
☐ 나 자신은 엉망이다.
☐ 나는 사람들에게 진짜 나를 알릴 수 없다.
☐ 나는 미친 게 틀림없다.
☐ 해야 할 간단한 일을 할 수 없다.
☐ 나는 실망, 실패자이다.
☐ 나는 게으름뱅이이다.
☐ 나는 짐이다.
☐ 나는 무책임하다.
☐ 나는 어른이 되는 것이 끔찍하다.
☐ 나는 혼자이다.
☐ 나는 협잡꾼, 사기꾼이다.
☐ 나는 바람직하지 않다.
☐ 나는 남에게 너무 부담스러운 존재이다.
☐ 나는 충분히 좋은 사람이 아니다.

성찰: 자기대화 탐색하기

이러한 예와 단서를 읽은 후 당신의 경험에 고유한 몇 가지 예가 더 떠오를 수 있는가? 그렇다면 여기에 더 확장해서 자세히 살펴보라.

____

____

____

언제 이런 생각이 떠오는가?

____

____

____

어떤 상황에서 가장 촉발되는가?

이러한 생각과 생각이 사실이라고 느낄 때, 몸에서 무엇을 느끼는가?

어떤 세 가지 ADHD 문제가 부정적인 자기대화를 유발하는 가장 큰 경향이 있는가?

창피하거나 두렵거나 생각날 때마다 숨기고 싶은 상황을 묘사하거나 그려 보라.

이러한 상황에 무엇이 특히 고통스러웠는가?

당신 정체성의 세 가지 요소

ADHD는 필연적으로 다음 세 가지 영역에서 정체성에 영향을 미친다.

- 당신의 핵심적 자기감
- 당신 뇌에 대한 감정
- 세상과의 관계

우리가 ADHD에 대한 이해나 우리의 강점과 차이점에 대한 이해 없이 자라면, 우리의 자기감, 고유한 두뇌와 우리의 관계, 다른 사람들과의 관계는 오랜 기간에 걸쳐서 얽히게 된다. 이 세 영역이 점점 더 얽힐수록 부끄러움이 더욱 커지게 되어 비밀과 자기제한의 길고 가중된 매듭이 된다.

반대로, 우리가 정체성의 세 가지 측면(핵심 자기, 두뇌, 세계)을 풀면 풀수록 수치심의 힘이 줄고 자신감과 더 강하고 충만한 자기감으로 대체하기가 쉬워진다.

당신이 보거나 설명할 수 없는 얽힘에서 벗어나는 게 어렵기 때문에, 우리는 단순히 자기감, 당신의 두뇌 차이에 대한 감정 그리고 다른 사람과의 관계 사이의 상호작용을 조명하면서 시작한다.

당신의 핵심 자기감

우리가 여기서 의미하는 바와 같이, 당신의 핵심 자기감은 당신의 모든 것, 즉 모든 자질, 특징 및 경험의 독특하고 미묘한 합성을 나타낸다. 주의력결핍 과잉행동장애(ADHD)는 확실히 당신의 핵심 영역 중 한 부분이며, 당신의 관심, 신념, 가치, 강점, 도전, 삶의 경험, 사회적 역할도 마찬가지이다. 이것은 전체 사람으로서 당신, 큰 그림의 당신이다.

자신이 누구인지에 대한 핵심 자기감은 모든 것의 중심에 있다. 그것은 당신의 진정한 자기의 본질, 당신이 할 수 있는 최선을 다하는 복잡한 인간으로서의 당신의 진실이다. 당신이 자기 핵심을 받아들이기로 선택한다면, 당신의 사명은 핵심 자아와 자비롭고, 호감이 가고, 혁신적으로 받아들이고, 무조건적으로 사랑하는 관계를 형성하는 것이다(혹은 진실적이 되자. 당신 자신과 우선 이러한 진실한 관계가 되자. 하지만 달을 향해서 쏘라!).

당신과 당신의 두뇌

ADHD를 가진 여성으로서의 정체성의 두 번째 얽힌 층은 실제 ADHD 부분인 고유한 두뇌 배선이다. 이것은 뇌와의 관계 또는 고유한 강점, 도전 및 욕구를 인식하고 지원하는 방식으로 나타난다. 여기서 기술과 전략은 수치심, 판단력 또는 비현실적인 기대. 이 여정은 여러 겹의 수치심과 판단을 떨쳐 버리는 데 도움이 될 것이다. 따라서 실행 기능에 문제가 있는 여성으로서 정직하고 신속하게 동정심을 갖고 확인, 평가 및 지지적인 행동에 관여하게 된다. 이것은 ADHD와 함께 생활하는 정서적 유산에서 일단 풀려나면 상당히 간단하다.

당신과 세계

ADHD와 함께 사는 것은 힘들 수 있으며, 그 고유한 어려움에는 자기실현 또는 자기위축의 씨앗이 있다. 눈에 보이지 않는 차이를 가진 여성으로서 우리 삶의 경험이 낙인이 만들어 내는 수치, 두려움, 비밀로 스며들 때 위축이 발생할 수 있다. 이는 가시적이거나 보이지 않는 추가적인 차이와 비현실적인 성 역할 기대에 부합해야 하는 문화적 압력으로 인해 더욱 악화된다.

눈에 보이지 않는 차이를 가진 여성이라는 것에 대해 수년간 쌓인 내면화된 메시지의 깊이를 알아보기 위해서는 믿음의 도약을 해야 하고, 개인적인 힘의 참된 삶을 사는 것과 자부심이 당신을 억누르고 있는 두려움과 고통보다도 더 중요하다는 것을 믿어야 한다.

얽힘이 발생한 이유

정체성의 세 요소가 어떻게 얽힐 수 있는지 설명하기 위해 ADHD를 가진 많은 여성이 직면하는 한 가지 공통적인 어려움인 비조직화를 살펴보겠다. 우리는 여성의 핵심 정체성과 얽히는 과정을 통해 이 ADHD 문제를 추적할 수 있다.

얽힘 1: 수치심의 고리

비조직화는 당신에게 삶의 사실일 수 있다. 그러나 전체 그림일 필요는 없다. 종종 문제는 엉킴 자체에 있다. 만성적인 혼란으로 어려움을 겪고 있다면, 적어도 특정 상황에서는 자동으로 자신의 도전을 자기비판이나 수치심으로 전환할 수 있다.

ADHD를 가진 많은 여성은 이러한 자기비판과 수치심의 고리에 너무 익숙해서 그런 일이 일어나는 것을 거의 알아차리지 못하고 판단과 부정적인 자기대화의 빈도와 자동성에 놀란다.

따라서 당신의 ADHD 뇌가 당신을 무질서하게 만든다고 가정해 보자. 당신의 두뇌 기반 어려움(이 경우 무질서함)에 대한 간단한 설명을 한 사람으로서, 당신에 대해 광범위하게 자기비판적인 것으로 자동으로 해석하는가? 아니면 외부적인 것을 자신이 누구인지에 대한 고통스러운 내적 핵심 신념으로 바꾸는 것과 관련하여 자신을 부끄럽게 여길 수도 있다.

이 경우에 지저분한 책상 / 주방 / 자동차는 '나는 엉망이다.'가 된다.

당신은 이러한 자동적인 생각을 잘 알고 있을지도 모른다. 그러나 당신이 알지 못할 수도 있는 것은 이러한 즉각적인 자기진술이 현재 순간에 동정심과 의도를 가지고 효과적인 행동을 취하는 능력과 더 깊은 자기 가치감을 함정에 빠뜨리고 약화시킬 수 있다는 것이다. 사실 이 주기는 ADHD 증상을 관리할 수 있는 능력에서 당신을 더 멀리 이동시킨다(Ramsay, 2017). 당신은 압도당하거나 폐쇄적이거나 회피적이거나 심지어 완벽주의자가 될 수 있다. 내면의 자기비평가는 당신을 연민과 자유를 가지고 진정으로 독특하게 효과가 있는 것, 받아들이거나 풀어 줄 수 있는 것 그리고 지원을 원하는 곳을 고려하는 대신에 다시 반복적으로 신경 전형적인 사람의 마음가짐처럼 더 열심히 하도록 유도할지도 모른다.

얽힘 2: 고립과 은폐의 고리

당신과 다른 사람 그리고 세상과의 관계는 필연적으로 '나는 충분히 훌륭하지 않다.'와 같은 생각에 영향을 받을 것이다. 이러한 종류의 내부 메시지는 다른 사람들이 당신을 대하는 방식, 당신이 다른 사람들에게 어떻게 말하고 그들이 당신에게 말하도록 허용하는지, 그리고 일반적으로 세상과 소통하는 방식에 영향을 줄 수 있다. 일부 여성들은 '나는 다른 사람들에게 별로 가치가 없다.'와 같은 일반적인 믿음에 스며드는 지저분함에 대한(또는 또 다른 ADHD 관련 문제가 있는) 수치심 때문에 고립되기 시작하고 완전히 숨게 된다. 그러한 믿음은 우리의 생각이 얼마나 강력하고 그것이 우리가 세상 및 우리 자신과 상호작용하는 방식에 얼마나 빨리 영향을 미칠 수 있는지를 보여 준다. 이 시점에서 '나는 엉망이다.'라는 말이 관계에 대한 생각과 얽혀 있고, 또 다른 도움이 되지 않는 의미를 취했다.

나의 책상 / 주방 / 자동차가 뒤죽박죽이고, 그래서 나는 형편없는 사람이어서 다른 사람에게서 멀어져야 한다.

당신이 경험할 수 있는 이 얽힌 신념의 다른 일반적인 버전이 다음에 나열되어 있다. 때때로 이러한 신념은 의식적 자각 아래에서 작동한다는 것을 명심하라. 그리고 그것들은 당신이 신념에 질문하는 것을 귀찮게 하지 않을 정도로 뿌리를 내릴 수 있다.

나의 책상 / 주방 / 자동차가 지저분해서:

- 기여할 것이 별로 없다.
- 사람들은 나를 무례하게 대할 수 있다.
- 나는 다른 사람들에게 부담을 주어서 수용되지 않을 것 같은데, 왜 노력해야 하는가?
- 사람들과 있을 때 나 자신이 될 수 없다.
- 나는 가깝고 지지적이며 사랑하는 관계를 가질 자격이 없다.

ADHD와 자신에 대한 신념이 부정적이면 세상을 더 부정적 · 거부적 · 적대적인 곳으로 인식하게 된다(Rucklidge et al., 2000). 이런 일이 발생하면 부정적인 결과를 예상하고 실제로 사람들을 한데 모을 수 있는 바로 그 취약성으로부터 자신을 보호하기 위해 몸을 숨길 수 있다.

성찰: 당신의 두뇌에 대해 기술하기

우리는 항상 우리의 몸을 묘사하지만, 두뇌와 그 안에서 사는 경험을 어떻게 설명할 수 있을지에 대해서는 거의 생각하지 않는다.

다음의 문장을 어떻게 끝내겠는가? '느린' '빠른' '복잡한' '깨진' '흥미로운' '독특한' '좌절감을 주는' '멍한' '복잡한' '매혹적인' 등과 같은 단어를 고려하라.
내 두뇌는 ____________________

당신은 두려움과 의심의 렌즈를 통해 대답했는가? 아니면 명료함과 연민의 자리에서 대답했는가? 어떤 단어가 즉시 마음에 떠올랐는지 판단하지 않고 알아차려 보라. 당신이 역동적이고 복잡하며 미묘한 차이가 있는 사람임을 설명하기 위해 몇 가지 형용사를 더 추가하는 것을 고려해 보라!

진의 이야기: 갇히고 얽힌

진은 자신이 위기에 처해 있음을 느꼈다. 덫에 걸리고 우울했다. 그녀는 30년 동안 아내와 엄마 역할에 모든 것을 쏟아부었다. 이제 자녀가 취업하고 남편이 은퇴했기 때문에 진은 한 번만이라도 자신을 우선시해야 할 때라고 느꼈다.

진은 50세에 ADHD 진단을 받았다. 그때까지 그녀는 진단되지 않은 두뇌 문제 때문에 항상 자신이 어리석고 보이지 않는 존재라 생각했다. 그녀는 자신의 일상을 관리하는 책임으로 인해 꿈을 추구하는 것이 압도적으로 보여서 그것을 보류했다. 지지적인 탐색 작업을 통해 진은 그녀가 수년 동안 내면화한 해로운 메시지와 그녀의 마음에서 매일 반복되는 자기대화를 확인할 수 있었다. "나는 바보야, 아무것도 제대로 할 수 없어."라고 들었을 것이다.

바보라는 이야기는 매우 익숙했다. 학교에서 어려움을 겪었던 어린 시절부터 늘 거기에 있었다. “내가 스페인어 수업을 들을 수 있다고 생각한다면 농담이야.”라고 그녀의 내면 비평가는 말할 것이다. 드라이 클리닝한 것을 찾아오는 것도 기억할 수가 없다. 진은 내면의 비평가가 한순간도 주저하지 않는다는 사실을 알아차렸다.

그러나 진은 보다 더 평화로운 순간에, 비록 진이 독특한 여러 어려움이 있음에도 불구하고, 자신이 바보가 아니라는 것을 알고 있었다. 진이 자신의 자기대화와 그 기원을 알게 되자, 내면의 비평가는 덜 신뢰할 수 있는 피드백의 근원이 되었다. 그 대신 진은 자신에 대해 더 친절하고 세밀한 관점을 고려할 수 있게 되었다. 이는 그녀가 스페인어 수업에 등록하는 것에 더 자신감을 느끼는 데 도움이 되었다. 진이 자신의 어려움에 대한 부정적인 이야기에서 멀어지면서, 삶의 질을 향상하게 하는 사람들과 활동에 더 가까이 다가갈 수 있었다.

성찰: 진의 이야기

당신은 진의 생각, 감정 또는 경험 중 어떤 것과 동일시했는가?

___

___

___

___

___

제2장 요약

- ADHD는 실행 기능 기술에 어려움을 초래하는 유전적 뇌 기반 증후군이다.
- 당신의 ADHD 문제가 당신의 자기감 및 당신의 성격에 대한 신념과 얽힐 때 당신의 정체감은 부정적인 영향을 받을 수 있다.
- 비판적인 자기대화와 자신에 대한 제한적인 신념은 다른 사람들과의 관계와 세상을 인식하고 탐색하는 방식에 더욱 영향을 미친다.
- 풀림 과정을 통해 ADHD를 가진 가치 있고 뛰어난 여성으로서 자신이 누구인지에 대한 이야기를 다시 쓸 수 있다.

제3장

용감하게 발견하라

다름에 대한 손상을 주는 메시지의 기원 발견하기

ADHD를 가진 여성은 자신이 다르다는 것을 본능적으로 알면서 자란다. 이것은 유색인종 여성, 신체적 장애 또는 차이가 있는 여성, LGBTQ로 식별되는 여성, 사회경제적 지위가 낮은 여성, 또는 가시적이든 비가시적이든 다양한 차이로 인해 일상적인 장애물과 억압을 경험하는 여성의 경우에 더욱 그렇다.

소녀 시절 우리는 어떤 행동과 사고, 학습 및 작업 스타일이 선호되고, 어떤 것이 받아들여지고 용인되며, 어떤 것이 눈살을 찌푸리게 하는지 배웠다. 이러한 선호 사항은 통신 매체에서 공공 정책에 이르기까지, 제도에서 1학년 교실 대화에 이르기까지 수많은 방식으로 전달되었다.

평생 ADHD를 가진 여성인 우리는 생각하고, 일하고, 말하고, 관계하고, 행동하는 우리의 방식이 세상에서 선호하는 방식과 일치하지 않는다는 것을 다양한 채널을 통해 배운다. 요컨대, 우리는 그 차이가 나쁘다는 것을 배운다. 그리고 우리는 우리가 다르다는 것을 알기 때문에 우리 중 많은 사람이 우리가 나쁘다고 믿게 된다. 작가이자 심리학자인 캐럴 길리건(Carol Gilligan, 1993, xviii)은 소녀들이 받는 초기 교훈에 대해 "'정상성'에 집착하는 사회에서 차이는 일탈이 되고 일탈은 죄가 된다."라고 썼다.

ADHD를 가진 여성이 흔히 내면화하는 도움이 되지 않고, 무시하고, 수치심을 주는 메시지를 분석하는 것은 복잡하다. 우리의 다른 점에 대해 받는 메시지는 미묘한 차이가 있으며 무수히 많은 요인의 영향을 받는다. 언어, 문화적 메시지, 삶의 경험은 우리가 누구인지의 핵심까지 확장되는 방식으로 우리를 형성한다. 때로는 더 좋을 때도 있고 더 나쁠 때도 있다. 이것이 바로 우리 자신의 신념과 편견을 확인하고, 평가하고, 재구조화하는 개인적인 작업을 수행하는 것이 중요한 이유이다.

자기발견의 과정을 거치지 않는다면 우리는 우리 자신과 다른 사람들을 위해 부정적이거나 잘못된 정보를 수정할 기회에 직면했을 때 혼란을 일으킬 수 있다. 글로리아 스타이넘(Gloria Steinem, 1970)은 "우리 모두의 첫 번째 문제는 배우는 것이 아니라 배우지 않는 것"이라고 연설에서 가장 잘 표현했을 것이다. 이것이 우리가 풀어내는 과정의 여정을 시작할 때 받아들이는 도전이다.

보이지 않는 차이와 내면화된 메시지

다음은 당신이 내면화한 차이점에 대한 파괴적인 메시지를 습득했을 수 있는 네 가지 주요 방법이다.

- 당신 메시지(You Messages)
- 그녀 메시지(She Messages)
- 헉! 메시지(Duh! Messages)
- 흡수된 메시지(Absorbed Messages)

이러한 '학습된' 교훈은 비록 당신의 어려움과 다른 점이 남아 있더라도 자신이 진정 누구인지에 대한 새롭고 긍정적이며 더 정확한 성찰로 대체할 수 있을 때까지 큰 영향을 미친다.

당신 메시지

'당신 메시지(You Messages)'(Solden 2005, 73-74에서 ADHD를 가진 여성에게 적용됨)는 하나 이상의 출처에서 전달되는 소녀 또는 여성으로서의 어려움에 대한 직접적인 공격이다. 가족, 친구, 교사 및 동료로부터 ADHD 다름에 대한 부정적인 당신 메시지를 받았을 수 있다. 아마도 당신은 다음과 같은 말을 들었을 것이다. "당신은 단지 게으른 것뿐입니다." "당신은 너무 민감합니다." "당신은 충분히 노력하지 않고 있습니다." "당신은 엉망입니다." 또는 "단지 열심히 한다면 당신도 성공할 겁니다." 이러한 종류의 메시지는 식별하기 가장 쉽고 내장에 상처를 주는 찔림처럼 느낄 수 있다.

당신 메시지는 당신의 독특한 두뇌 배선에서 비롯된 행동과 당신의 성격을 오해, 잘못 해석하거나 융합한 결과이다. 당신의 인생에서 중요한 사람들은 일반적으로 당혹스러운 행동에 대한 다른 설명이 있다는 것을 모른다. 그들의 견해는 너무 오래 지속되고 뿌리 깊게 박혀 있어서 (만약 있다면) 자신을 볼 수 있는 다른 렌즈(즉, 정확한 진단!)가 제공될 때쯤이면 자신의 견해를 바꾸는 데 저항할 수 있다. 그 시점에서 당신은 진단이나 설명을 '그냥 변명'으로 생각할 수도 있다.

다음은 몇 가지 일반적인 내담자의 예이다. 아마도 당신은 몇 가지에 공감할 수 있을 것이다.

산드라의 아빠는 항상 산드라에게 "우리가 중요한 곳에 갈 때 왜 항상 그렇게 지저분하게 보여야 하니? 멋지게 보이려고 준비하는 데 고작 몇 분밖에 걸리지 않을 텐데."라고 말한다.

10대 자녀를 둔 한 교사는 "어려운 일이 있을 때마다 세상이 너를 도와주지는 않을 것이다."라고 말했다.

한 대학 교수는 장애학생지원센터에서 승인한 학업 수행 편의 신청요청서를 거부하면서 냉담하게 "자네는 똑똑해! 학업 수행 지원이나 편의시설이 필요하지 않아. 더 많은 노력과 훈련이 필요해!"라고 말했다.

헤더는 부엌 찬장과 식기 서랍을 닫고 우유를 치우는 것을 늘 잊어버린다. 그녀는 이것을 자각하지 못한다. 실행 기능에 문제가 없는 사람의 시각으로 그녀를 바라보는 남편은 그녀가 "배려심이 없고, 미성숙하며, 버릇없다."라는 것 외에 다른 결론은 내릴 수 없다고 말한다.

발견: 당신 메시지

이러한 종류의 직접 메시지가 자기감, ADHD로 인한 다른 점과 한계, 다른 사람과의 관계에 미친 영향을 생각해 보라.
오랜 기간 동안 많은 '당신 메시지'를 받았을 것이다. 당신은 다음 중 어느 문항과 동일시할 수 있는가?

□ "너는 이기적이고 우리 가족을 염려하지 않는 것 같아."
□ "너는 많은 잠재력을 가지고 있는데, 도대체 뭐가 문제야?"
□ "______________ 할 수만 있다면, 너는 남에게 줄 게 너무 많아."
□ "너는 게으르고 무책임해."
□ "너는 다르게 하려 하지도 않고, 타협하려고도 하지 않는 것 같아. 너는 항상 예전과 똑같아. 사람들이 계속 동정심을 갖기를 기대해."

□ "네가 항상 지저분하다면, 친구들은 너와 어울리고 싶어 하지 않을 거야."
□ "취업 면접이나 데이트에 늦으면 어떻게 될 거 같니? 사람들은 네가 무책임하다고 생각할 거야."
□ "도대체 뭐가 문제야?"

어떤 '당신 메시지'가 당신에게 가장 끈질기거나 힘들었는가?

오늘날 그 메시지가 당신에게 어떤 영향을 미치는가?

자신의 자기대화가 어디에서 유래했는지 알 수 있도록 과거에 사람들로부터 받은 '당신 메시지'의 기억을 적어 보라. 이 연습은 우리가 오랜 기간에 걸쳐 내면화하는 가혹하고 도움이 되지 않는 메지지의 특성을 지적하는 데 도움이 될 것이다.

• 가족구성원

• 교사

• 친구

- 종교 공동체 ______________________________

____

____

- 동료, 상사, 사무실 동료 ______________________________

____

____

- 룸메이트 ______________________________

____

____

- 낭만적인 상대 ______________________________

____

____

- 동료, 학교 친구 ______________________________

____

____

- 이웃, 지역사회 구성원 ______________________________

____

____

- 기타 ______________________________

____

____

그녀 메시지

'그녀 메시지(She Messages)'(Solden, 2005, 74-75)는 주변 사람들이 당신의 비밀이 숨겨진 가운데, 당신과 비슷한 어려움과 차이점을 가지고 있는 여성들에 대해 말하는 평가이다. 그녀 메시지가 당신에게 직접 전달되지 않기 때문에 이것은 종종 추문처럼 느껴진다. 이 메시지는 오히려 다른 여성의 외모, 행동 또는 어려움에 대한 설명이다.

이러한 메시지는 간접적이거나 암시적이지만, 잠재된 암시는 크고 명확하게 수신된다. 즉, 당신의 어려움은 용납할 수 없고 위험하다. 비록 당신이 '정상적으로 통과'하거나 비밀리에 남아 피상적으로 안전을 유지할 수 있다 하더라도, 당신도 깊이 내면화된 거절, 불안 및 스트레스의 누적 효과를 경험한다. 진정한 자신이 될 수 없고 당신의 ADHD 어려움을 관리하기 위해 필요한 지원을 받을 수 없게 된다.

이런 식으로 간접적인 의사소통을 통해 사회적으로 선호되고 수용 가능한 것이 무엇인지 직접 배울 수 있다. 일부 메시지는 당신의 행동이나 문제에 대해 직접 언급하지 않을 수 있지만, 여전히 남 일 같지 않고 당신에게 다음과 같은 의문을 남기게 된다. '그들이 나에 대해 어떻게 생각할까? 약도 먹는데…… 사람들이 알면 나와 친하게 지내려고 할까? 내 주방이 어떻게 생겼는지 그들이 안다면?' 이러한 미묘한 방식으로 사회 집단은 용인되는 행동의 경계를 감시하고, 세상에서 고유한 방식으로 살아가는 데는 대가가 따른다는 것을 알게 된다.

우리는 두려움을 가지고서 이러한 대화를 듣고 종종 발각될까 두려워 말을 거의 하지 않거나 움츠린다. 이러한 진술은 다른 사람과의 관계로 인해 좌절감을 느끼는 친구나 사랑하는 사람을 지원하려고 할 때에도 나타날 수 있다. 그 순간 우리는 지지하려고 하는 것과 촉발되고 두려워하는 것 사이에 교착된다. 우리는 가끔 주변 사람의 말을 엿듣게 되고, 말을 하는 사람과 깊은 관계가 없어도 사랑하는 사람이 우리 자신의 행동에 대해 직접 말을 하는 것처럼 마음이 아프다. 사람들이 인종이나 여성 혐오적인 농담을 듣고 아무 말도 하지 않는 것과 마찬가지로, 우리도 진실에 따라 행동하지 않을 수 있다. 우리는 우리의 진실을 말할 기회가 있을지 모르지만, 상처와 두려움으로 얼어

붙어 있기 때문에 주저한다. 이때 우리는 마치 우리 자신과 다른 사람들을 배신하는 것처럼 느낄 수 있다.

두 명의 다른 여성이 이것을 어떻게 경험했는지에 대한 두 가지 짧은 예가 있다.

카일리의 이야기: 발각되는 것에 대한 두려움

시부모의 마음에 들기 위해 애쓰는 젊은 여성 카일리는 그곳에서 경험한 그녀 메시지 때문에 가족 모임에서 두려움을 느꼈다. "누군가가 방을 나갈 때마다, '누구누구는 제멋대로고' 또는 뭔가 잘못하고 있다는 의견이 있는 것 같았다. 저와 같은 어려움을 가진 다른 여자들을 판단하는 것 같아서, 시댁 식구들을 초대하는 것이 두려웠다. 나는 그들이 방문할 때마다 모든 것이 '완벽한' 것처럼 보이도록 노력했다. 그것은 정말로 나를 지치게 했다."

발견: 그녀 메시지

다음은 ADHD를 가진 사람들과 유사한 행동에 대한 판단을 간접적으로 전달한 다른 여성에 대해 들은 메시지의 몇 가지 예이다. 반향을 불러일으키는 것을 선택하고 자신의 것을 추가하라.

- □ "나는 정말 그녀가 자신의 물건을 잘 챙길 거라 생각했다."
- □ "니콜이 잊어버릴 거라고 장담할 수 있어!"
- □ "그녀는 단지 자신의 잠재력을 낭비하는 것 같아!"
- □ "그녀의 사무실이 너무 지저분해서 나에게 불안을 줘."
- □ "다니엘라가 흰코끼리 선물을 잊었다니 믿기지가 않아. 그녀는 자신 외에는 아무도 신경 쓰지 않는 것 같아."
- □ "제시간에 도착하는 것에 신경 쓰지 마. 그녀는 항상 늦어."
- □ "아만다는 내 문자나 전화에 절대 회신하지 않는데, 왜 내가 해야 하지? 어떤 사람들은 자신밖에 몰라."
- □ "나는 수지를 사랑하지만, 그녀가 어떻게 치과의사가 되지? 그녀는 항상 수업시간에 자고 있는데."

도나의 이야기: 안전하게 사용하기

도나는 직장에서 책상을 정리하기 위해 매우 열심히 애를 썼지만, 엄청난 노력이 들었고 다른 중요한 일에 지장을 주었다. 그녀의 동료들은 그녀가 어려움을 겪고 있다는 사실을 몰랐고 그녀의 작업 공간을 지나갈 때 다른 동료 완다를 놀리곤 했다. 완다의 작업 공간은 종이 더미와 오래된 소다 캔으로 뒤덮었다. 이런 언급은 도나를 협잡꾼처럼 느끼게 했다. 도나는 완다의 창의성이나 팀에 대한 기여도는 언급하지 않고, 조용히 묵묵히 자리를 지켜서 완다를 배신하는 듯한 느낌이 들었다. 그 대신에 벽장을 치고 주제를 바꾸거나 방에서 슬쩍 나갔다. 도나는 그녀와 같은 여성들이 자신의 어려움이 목격된다면 어떤 경험을 하게 될지를 알고 있었다.

성찰: 무엇을 들었는가

당신은 수년간 어떤 '그녀 메시지'를 경험했는가?

____

____

____

어떤 '그녀 메시지'가 지금까지 당신의 자기감, 당신의 ADHD로 인한 다름과의 관계, 그리고 다른 사람들과의 관계에서 가장 큰 영향을 미쳤는가?

____

____

____

헉! 메시지

여성이 자신에 대한 부정적인 견해를 가지게 되는 세 번째 상황은 "이런, 왜 나는 그것을 생각하지 못했지?"와 같은 '헉! 메시지(Duh! Messages)'를 통해서 일어난다. (독자 참고 사항: 이것은 냉소적인 어조로 읽는 것이 가장 좋다!)

이러한 메시지는 다음과 같은 형태로 일어난다.

- "목록을 작성하는 것에 대해 생각해 본 적이 있나요?"
- "타이머를 설정해 보려는 시도는 해 봤나요?"
- "캘린더를 사용하나요?"

분명 이러한 제안이 ADHD를 가진 사람에게 나쁘거나 잘못된 것은 아니지만, 일반적으로 ADHD를 가진 여성이 직면한 상황에서는 비참할 정도로 부적절하다. 이것이 '명백한 해결책'으로 주어지면 핵심을 놓치게 되어 도움이 되지 않을 뿐만 아니라, 우리가 직면하고 있는 문제의 어려움, 복잡성 및 유형이 심각하게 과소평가된다.

이러한 종류의 의사소통은 의도가 좋은 것일지라도 무시하고 심지어 비하하는 것처럼 느껴질 수 있다. 물론 당신도 이러한 '훌륭한 아이디어'를 생각해 왔을 것이고 백만 번 시도했을 수도 있다!

피상적인 조언은 좋은 의미가 담겨 있더라도 우리가 '단순한' 문제의 명백한 답도 보지 못할 만큼 충분히 노력하지 않았거나 똑똑하지 않다는 의미를 전달하게 된다. 또한 스스로 해결책을 찾을 수 없을 것이라는 불신을 은밀히 담고 있다. 따라서 그들은 권리를 박탈하는 무심한 메시지를 다음과 같이 보낼 수 있다. "당신은 올바른 노력을 하고 있지 않아요." 여성들은 살면서 겪는 내적 경험을 바꾸거나 전환하려는 시도 없이 다른 사람들이 그저 듣고 믿어 주기를 원한다.

당신이 연결되고 이해를 구하거나 도움을 얻기 위해 어려움을 드러내는 위험을 감수했을 때, 문제를 고치거나 해결책을 찾을 필요성이 있다는 단순하고 무시하는 어투의 메시지를 접했을 수 있다. 이것은 은폐와 사기 저하로 이어질 수 있으며, 시간이 지남에 따라 자신을 드러내는 것을 점점 더 어렵게 만든다. 이는 당신이 받는 제안에 종종 의도치 않게 다른 사람들과 당신 사이의 다름은 받아들여지기 어렵다는 메시지를 담고 있기 때문이다. 이것은 당신을 아무도 '이해하지 못한다'고 믿게 만들 수 있다. 또한 당신의 어려움은 주변 세계가 받아들일 수 없는 것처럼 보여 외톨이처럼 느끼게 하여 다른 사람들에게 내면의 복잡성을 설명하는 것이 무익하다는 결론을 내리게 할 수도 있다(이것은 당신이 짐작할 수 있는 결과로 이어진다. 더 은폐하고 후퇴하라!)

그렇기 때문에 이 여정을 통해 당신을 소중하게 여기는 사람들에게 점차 다가가가는 게 얼마나 중요한지 알게 될 것이다!

발견: "이런! 내가 왜 그 생각을 못했지?"

다음은 '헉! 메시지'의 일반적인 몇 가지 예이다. 재미를 위해 비꼬는 반응, 즉 '우리가 의미하는 바를 당신이 알 것이라 생각하는 것'을 추가하였다.

□ "휴대전화에서 리마인더 앱을 사용해 보았습니까?"
("저는 겨우 10개의 알림 생산성 앱만 사용하고 있습니다. 정말 고마워요!")

□ "10분 일찍 출발하는 습관을 들이는 게 어떨까요?"
(일찍 떠나려고 한 적이 없는 것처럼 행동해 보라!)

□ "플래너를 사용해 보았습니까?"
("하! 사실 올해 5개가 있었는데, 3개는 잃어버렸고, 1개는 색칠을 하며 지연하는 용도로 사용했고, 마지막 하나는 웅덩이에 떨어뜨렸네요.")

□ "단지 일과를 지키고 꾸준하게 유지하는 것입니다."
("저는 꾸준함을 유지하기를 바라지만, 제가 하고 싶은 말은 그게 어렵다는 겁니다. 아! 당신은 제 말을 듣지 않았군요!)

□ "알람을 설정해 보세요."
("알람? 생각해 보니! 그게 바로 제가 지난 몇 년 동안 놓치고 있었던 것임에 틀림없네요!")

□ "요즘은 다들 산만하죠!"
('어, 또 시작이네! 말 좀 제발 그만해.')

□ "아, 생각보다 어렵지 않아요! ________________을 일단 시도해 보세요."
("맞아요, 하지만 전 당신이 아니에요. 그게 전부예요.")

□ "충분한 수면과 운동을 하고 있습니까?"
["다시는 운동 안 해요." (눈을 굴린다.)]

□ "식단을 조금만 바꾸면 될 것 같아요!"
("글쎄요, 당신이 이것을 언급한 첫 번째 사람이네요!")

□ "그냥 목록을 만드세요."
("집과 사무실 곳곳에 스티커 메모지에 수천 개의 목록이 있어요. 어떤 것이 마법의 해결책이라고 생각하세요?")

□ "당신은 정말 똑똑해요. 좀 더 긍정적으로 생각하면 됩니다!"
("네, 전에는 들어 본 적이 없는 말이네요. 당신은 긍정적으로 당신의 만성 건강 상태에서 벗어날 방법을 생각할 수 있나요, 바브?")

이제 우리 모두가 함께 불쾌감을 드러낼 수 있다! 추가하고 싶은 반응이 있는가? 한번 해 보라. 그것은 좋은 해독이 될 것이다. 개인적인 반응에 가능한 한 많은 유머를 추가하라. 웃음으로 인해 결국 치유된다.

당신이 지난 몇 년 동안 받은 '헉! 메시지'는 무엇인가?

당신은 그 순간에 어떻게 반응하는 경향이 있는가?

앞으로 이러한 메시지를 다루고 싶은 다른 방법이 있는가?

그 메시지가 ADHD 두뇌 및 다른 사람들과의 관계에 대한 자기감에 어떤 영향을 미쳤는가?

우리가 만일 겉으로 보기에 아주 유능해 보인다면, 일반적인 사람들에게는 ADHD 증상이 혼란과 오해를 불러일으킬 수 있다. 다른 사람들은 우리가 일상생활에서 겉보기에는 '작은 것(즉, 강력한 실행 기능 기술이 필요한 작업)'에 계속 '고착'되는 이유를 이해하지 못할 수 있다. 그들은 해결책이 실용적이고 단순하며 간단한 행동이라고 가정한다. 그들은 종종 자신들에게는 훌륭할 수 있는 '고치기'와 같은 지나치게 단순화된 제안을 한다.

ADHD의 복잡성이 이해되지 않은 채로 겉보기에는 '간단한 고치기'가 '작동'하지 않을 때, 우리는 좋은 제안이나 전략을 시도하지 않거나 따르지 않는 것으로 치부될 수 있다. 이것은 더 나아가 우리의 차이점과 어려움을 더욱 병리적으로 보이도록 만든다. 그리고 당신은 표면 아래에서 은밀하게 일어나고 있는 일을 스스로 이해하지 못할 수도 있다. 당신의 내면에서 그것을 이해하고 수용하고자 고군분투하는 동안 어떻게 이러한 형태의 공격으로부터 내면적으로나 관계적으로 자신을 보호할 수 있겠는가?

"ADHD와 동행하는 경험은 평생의 작은 괴롭힘처럼 느껴질 수 있으며, 그 결과 '정서적 고통 증후군(Emotional distress syndrome)'을 초래할 수 있다. 이것은 ADHD로서 살아가기 위한 투쟁과 직결되어 있어 정서적 스트레스가 만성화된 상태로 정서적 내성, 체력 그리고 삶의 질과 영적인 건강을 유지하는 능력을 망가뜨리게 된다"(Ochoa, 2016, 44-45).

흡수된 메시지

우리 자신에 대한 잘못된 신념은 문화 및 미디어 메시지를 통해 흡수되거나 신경 전형적인 소녀 및 여성의 행동을 관찰함으로써 더 은밀한 경로를 통해 뿌리내릴 수도 있다. 이것은 우리의 의식적인 인식 없이 일어날 수도 있지만, 반복되어 온 메시지는 여성에게 기대되는 것과 가치 있는 것, 확실히 가치가 없는 것(ADHD 증상과 같은)에 대한 우리의 생각을 채색했을 수 있다.

성 역할과 문화적 기대에 대한 이러한 종류의 메시지는 어린 시절부터 스며들어 체화되고 종종 직접적인 인식을 벗어나 수년에 걸쳐 우리의 신념 체계에 반복적으로 주입된다. 이것으로 많은 여성이 성장하면서 직접적으로는 부정적인 메시지를 받지 못했다고 말하면서도 왜 ADHD로 인한 차이에 대해서는 수치심을 느끼는지 스스로 이해하기 어려워하는 이유를 설명할지도 모른다. 문화와 미디어를 통해 흡수되는 여성의 가치에 대한 메시지는 너무 은밀하여 일반 대중이 실제 마주한 여성과 메시지 사이의 차이를 인식하지 못하게 한다!

소녀와 여성이 광고, 소셜 미디어, 영화 및 기타 문화 교육 방식을 통해 어떤 신체 유형, 피부색, 패션 경향 또는 헤어스타일을 받아들여야 하는지를 배우는 것처럼, 우리도 여성은 무엇을 자연스럽게 잘 할 수 있어야 하는지에 대한 개념을 지속해서 받아들이고 있다. 이것은 우리 모두에게 익숙한 '신체 수치심'과 같이, 우리의 뇌가 작동하는 방식에 대해서도 수치심을 가지게 한다. 이것을 우리는 '두뇌 수치심'이라고 부른다.

ADHD의 고유한 두뇌 배선으로 인해 여성들에게 일반적으로 요구되는 일부 작업은 실제로 ADHD를 가진 여성에게 상당히 복잡하고 도전적인 것으로 다가온다. 이런 어려움은 우리 자신을 포함하여 많은 사람이 이해하기 어려운 방식으로 발생한다!

우리 대부분은 1970년대의 전형적인 어머니상을 보여 준 가족 시트콤의 〈브래디 번치(Brady Bunch)〉[1]를 의식적으로 거부하기 때문에 명시적인 성 역할을 인식하는 것이 더 이상 쉽지 않게 되었다. 하지만 신경 전형적인 여성이 생각 없이 쉽게 할 수 있는 것들에 대한 수많은 장면과 가정 그리고 묘사가 존재한다. '허용되는' 또는 '바람직한' 행동에 대한 개념화는 독특한 두뇌 배선을

1) 역자 주: 1960~1970년대 방영된 미국의 가족 시트콤으로, 어머니 역할의 '플로렌스 헨더슨'은 완벽한 아내와 어머니상에 대한 환상을 심어 주었다.

가진 여성이 겪는 어려움과 상충할 수 있다. 이것은 왜 우리가 일찍부터 차이점을 숨기고 그것에 대한 수치심을 내면화하게 되는지를 설명해 준다.

사회복지사인 올리비아는 ADHD로 인한 차이를 숨기고 자신의 어려움을 부끄러워하는 것에 대해 다음과 같이 말했다. "매년 동료의 집에서 열리는 크리스마스 파티에 가야 할 때마다 너무 불안해요. 술을 쏟거나 음식을 떨어뜨리거나, 내가 가져가기로 한 접시를 엉망으로 만들거나, 누군가와 부딪히거나 하면서 스스로 당황하는 것이 너무 두려워요!" 성공적인 웹사이트 디자이너인 다이앤은 가슴에 사무치는 듯 다음과 같이 말했다. "다른 여성은 이런 종류의 일을 저보다 더 쉽게 할 수 있다는 것을 아무도 말해 주지 않았어요! 나는 아주 어릴 적부터 이런 상황을 관찰해 왔어요!"

ADHD를 가진 여성은 신경 전형적인 여성에게 어떤 식으로든지 신비감을 느낀다고 말한다. 그들은 종종 다음과 같은 질문을 한다.

- 다른 여성들은 어떻게 하는가?
- 내 여동생은 세 아이를 키우고, 일하러 가고, 저녁을 만들고, 체육관에 가고, 친구에게 전화하고, 제시간에 휴가 카드를 보낸다. 나는 그것이 그녀에게 항상 쉬운 일이 아니라는 것은 알지만, 내게 그러한 것처럼 취약한 부분은 아니라는 것을 안다. 나는 그녀가 어떻게 그것들을 해내는지 이해하기가 어렵다. 나는 왜 그녀처럼 '정상적'일 수 없을까?
- 매번 친구와 이웃집에 들어갈 때마다 "어수선한 더미와 파일들은 다 어디에 두었어?" 하고 묻는다.

ADHD를 가진 여성은 다른 여성이 어떻게 삶을 영위하는지 보고 있으면 우리 중 한 여성이 말한 것처럼 "마술쇼를 보고 있는 것"과 같은 기분을 느낀다.

사리의 이야기: 선 밖을 채색하기

어렸을 때 나는 선 안쪽을 채색하는 것이 어려웠다. 그래서 미술 수업 시간에 선생님이 피드백을 주기 위해 둘러보며 돌아다닐 때면 내 그림을 숨기곤 했다. 한번은 캠프에서 점검 시간에 옷을 깔끔하게 접지 못했던 것이 기억난다. 십대 시절에 나는 어떤 종류의 무릎 양말을 신어야 하는지 알아내기 위해 열심히 노력하곤 했다! 나는 왜 다른 여자애들이 함께 쇼핑 가는 것을 좋아하는지 궁금했다. 젊은 시절에는 하나의 의식처럼 휴일에 모두가 모여 함께 요리하고 청소하는 행사에 참여하라는 요청을 받고 매우 당황했었다.

발견: 흡수된 메시지

당신의 ADHD 수치심을 더해 주는 이상화된 메시지의 은밀한 출처는 무엇인가? 당신과 관련이 있다고 생각되는 항목에 체크하고, 자유롭게 추가하여 확장해 보라.

- ☐ 광고, 뉴스 기사, 잡지 또는 기타 미디어 매체
- ☐ 소셜 미디어 피드
- ☐ 직장, 학교 또는 일상생활에서 다른 여성의 기능을 관찰하기
- ☐ 차에서 오일 교체하기, 쇼핑하기, 정기적인 취미 참여하기, 파티 주최하기, 식사 준비하기, 재정 관리하기 등과 같은 평범한 일을 다른 사람들이 얼마나 쉽게 처리할 수 있는지에 관한 이야기를 듣는 것
- ☐ 신경 전형적인 친구나 가족이 주최하는 행사에 참석하기
- ☐ 전통적인 학습 혹은 일 방식에 적응해야 하거나, 작은 편의적 도움을 받기 위해서 큰 스트레스를 감수해야 하는 학교나 직장
- ☐ 진료실에서
- ☐ 조직 시스템, 재무 설계와 같은 것에 대한 광고를 시청할 때

클라리사의 이야기: 개척되지 않은 길

32세의 클라리사는 한계를 느꼈다. 그녀는 예술가로서 앞으로의 자신의 행보가 현재 상대와 다를 것을 알고 있지만, 그 인식이 그녀가 동료 및 가족보다 부족하다는 두려움에서 벗어나도록 돕지는 못했다.

클라리사는 ADHD가 자신에게 미치는 영향에 대해 더 많은 것을 배우기 시작했고, 지원을 받고 있음에도 여전히 자신에게 뭔가 끔찍하게 잘못된 것이 있고 본질적으로 결함이 있다는 깊은 우려를 보였다. 그녀는 또래 친구들이 휴가와 주택 구입을 위해 저축하고, 결혼하고, 혜택이 있는 좋은 직업을 찾는 것과 같은 일에서 자신을 능가하는 것처럼 보였고, 그들을 따라잡을 수 없다고 느꼈다. 또한 그녀는 직업을 구하고, 지체 없이 규칙적으로 교회 예배에 참석하고(자신의 믿음에 대한 의구심, 만성적인 시간 관리 문제들, 일요일 오전 예배 시간에 가겠다는 약속에 대한 의문에도 불구하고), 그리고 가정을 꾸리기 위해 남편을 찾는 것과 같은 일반적으로 가족과 지역사회에서 기대하는 전통적인 것들에 부응하지 못했음에 큰 죄책감을 느꼈다. 죄책감과 수치심 속에서 클라리사는 그녀가 진정으로 원하는 것이 무엇인지 결정하는 데 어려움을 겪었다.

클라리사의 대가족은 아주 친밀한 사이로 저녁 식사를 위해 자주 모였고, 그녀는 이것을 유년 시절의 좋은 추억 중 하나로 기억했다. 그러나 그녀는 요리, 청소, 서빙과 같은 전통적으로 여성들에게 맡겨진 역할을 요청받았을 때 항상 어려움을 겪었다. 가족들은 "클라리사, 이건 어려운 일이 아니야! 정신이 없구나. 서둘러라, 사람들이 배고파하고 있어!"라고 지적하곤 했다. 설상가상으로 모퉁이마다 다른 친척이 '더 이상 젊지 않기 때문에 누군가를 만나고 있는지'를 물었고, 그녀의 부모는 "손자를 볼 준비가 되어 있다!"라고 했다. 클라리사는 쿠바 문화의 전통과 모임에서 느꼈던 웃음과 친밀감을 좋아했지만, 시간이 지날수록 점점 위축되고 상실감을 느꼈다.

클라리사는 가족과 문화에서의 미묘한 뉘앙스를 이해하고 있는 믿음직한 사촌의 지지를 받아 성찰하여 가족, 친구 및 지역사회로부터 전달되어 내면화한 다양한 유형의 메시지를 탐색할 수 있었다. 그녀는 가족의 선한 의도에 감사하기 시작했고 그들의 보살핌에 대한 의도를 느끼기 시작했다. 메시지의 실질적인 내용은 그녀를 낙담하게 했지만, 가족들은 실제로 자신이 '올바른' 것으로 알고 내면화한 방식에 따라 클라리사가 행복을 찾을 수 있도록 격려한 것이었다. 이를 염두에 두고 클라리사는 기저에 깔린 가족의 사랑에 대한 감사와 연민을 느끼면서도 가족의 메시지를 자신의 정체성 및 내부 경험과 분리하여 인식하면서 그녀가 진정으로 믿고 원했던 것에 대한 탐색을 시작할 수 있었다.

성찰: 클라리사의 이야기

클라리사의 느낌이나 경험 중 자신의 것이라 여긴 부분이 있는가?

클라리사의 이야기는 어떤 면에서 당신의 경험을 상기시켜 주었는가? 그것들을 기술하라.

진단을 받은 후 클라리사는 자신이 통제할 수 없는 어려움이 설명을 덧붙일 필요도 없는 유전적 · 신경생물학적 차이로 인해 발생했음을 깨달았기 때문에 자신의 성격과 특성을 분리할 수 있었다. 그녀가 한 걸음 물러나서 내면화한 메시지의 기원을 탐구했을 때, 그녀는 ADHD를 가진 많은 여성을 움직이지 못하게 하는 수치심, 비판, 죄책감의 그물에서 스스로 빠져나올 수 있었다.

제3장 요약

- ADHD 문제들에 직접적인 공격을 하는 '당신 메시지'는 하나 이상의 출처로 당신에게 전달되었다.
- '그녀 메시지'는 당신이 직접 받은 것이 아니라 오히려 다른 여성의 외모, 행동 또는 문제들에 대한 부정적인 묘사를 통해 전달되었다. 이러한 간접적인 의사소통을 통해 사회적으로 선호되고 수용할 수 있는 것이 무엇인지 배운다.
- '헉! 메시지'의 의도는 좋으나 ADHD의 깊이와 복잡성, 그로 인한 어려움에 대한 이해 부족으로 인해 쓸모없는 제안이 되었다. 또한 메시지는 스스로 간단한 '해결책'을 생각하지 않는 게으르거나 멍청한 사람임을 암시하는 경향이 있다!
- '흡수된 메시지'는 일반적인 문화, 미디어 및 신경 전형적인 여성의 기능을 관찰함으로써 체화된 세상이 선호하는 방식에 대한 은밀한 제안 또는 선언이다. 이러한 메시지는 종종 의식되지 못한 채 일어나지만, ADHD로 인한 차이에 대해 깊은 수치심과 때로는 혼란스러운 감정을 유발할 수 있다.

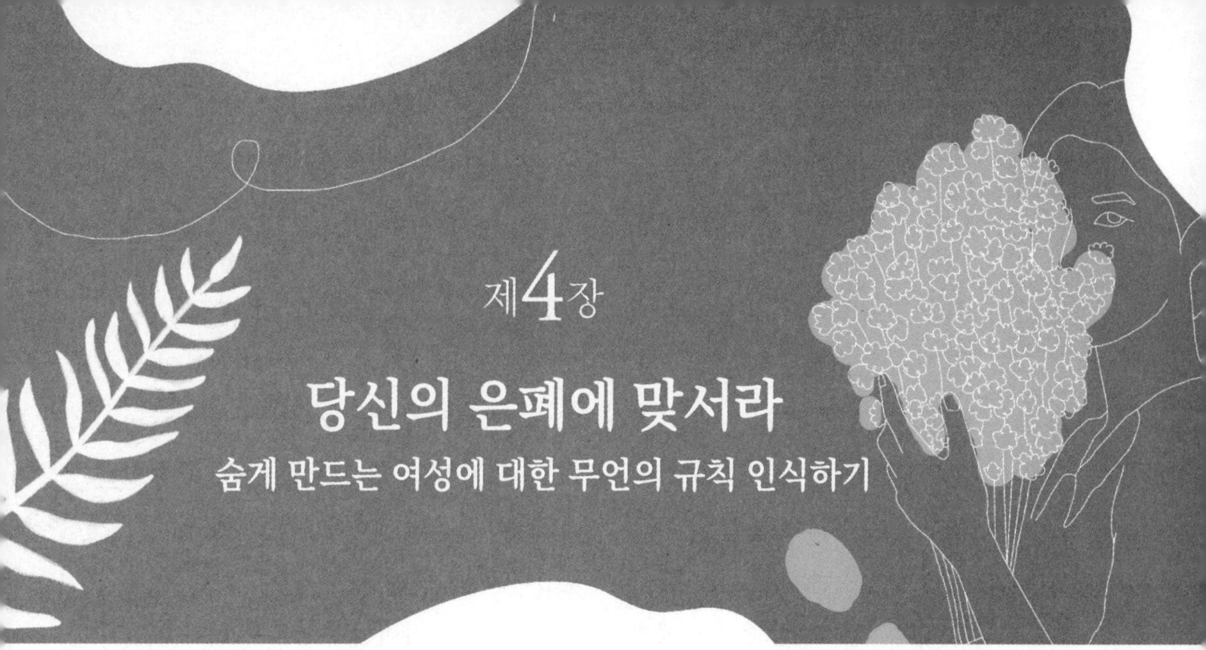

제4장

당신의 은폐에 맞서라

숨게 만드는 여성에 대한 무언의 규칙 인식하기

일반적으로 ADHD를 가진 여성은 반사적으로 자기보호적인 대처 기제를 사용하고, 그중 가장 보편적인 것이 은폐이다. ADHD를 가진 여성으로서 용감하고, 밝고, 대담하게 힘을 실어 주는 삶을 살기 위해서는 우리를 얽매고 외롭게 하는 은폐된 많은 모습을 발견하여 직면하고 대체하는 것이 필수적이다.

은폐의 원인과 대가

내담자들은 ADHD 관리를 위해 가장 자주 사용하는 대처 방식을 은폐라고 말한다.

강조를 위해 반복해 보자. 우리와 함께 작업하는 여성들이 가장 자주 보고하는 대처 방법은 더 나은 계획, 목록 작성 시스템 또는 디지털 달력이 아니다. 다른 사람에게 자신이 누구인지 숨기는 것이다! 우리는 진실로 당신이 멈추어 이 방식을 잠재우기를 바란다. 숨어서 ADHD를 관리한다는 것은 실제로 무엇을 의미하는가?

은폐가 보호 방식으로 사용될 때, 우리가 누구인지 세상이 보지 못하게 만드는 덫에 걸리게 된다. 또한 우리가 당면한 어려움을 숨길 때, 우리는 개인적인 모습을 숨기게 되어 지구상의 모든 사람이 갈망하는 신정한 나를 보여 줄 기회를 차단하게 된다. 우리 모두 있는 그대로의 모습을 보여 주고 받아들여지기를 원한다. ADHD를 가진 여성은 보이지 않는 상처를 극복하길 간절히 원하지만, 잘못된 보호 방식으로 인해 후퇴함으로써 계속 상처받게 된다.

당신은 주변 사람에게 이해받지 못한다고 느꼈기 때문에 숨기기 시작했을 수 있다. 심지어는 스스로에게도 다른 사람과의 차이점이 상표 가치가 없다는 것이 분명했을 수 있다. 당신은 이런 차이를 극복할 수 없을 것이라고 느꼈을 수 있다. 지금까지 당신의 의도가 다른 사람들에게 부정적인 방식으로 오해석되었을 가능성이 크다. 자신과 비슷한 특성이나 어려움을 가진 다른 여성에 대해 부정적인 의견을 들었고, '진짜' 자신이 발각될 경우에 치러야 할 대가가 걱정되어 숨겼을 수도 있다.

은폐에 맞서는 과정을 시작하려면 먼저 두뇌 기반의 ADHD 증상을 살펴보고, 그다음 어떻게 이러한 증상이 얽혀서 거절, 해고 또는 포기와 같은 두려운 결과들과 연관되는지 살펴보는 것이 도움이 된다. 이 연습은 이러한 믿음이 어떻게 당신을 숨게 했는지, 그 선택의 결과로 지불한 대가를 이해하는 데 도움이 될 것이다.

발견: 두뇌 기반 증상

다음은 후퇴하여 보호하고 숨기려는 충동으로 이어질 수 있는 ADHD 두뇌에 기반한 일반적인 증상이다. 이러한 증상은 독특한 두뇌 배선의 결과이다. 이에 따라 특정 행동에 대해 쉽게 잘못된 기인으로 두려움을 불러일으켜 '은폐'와 같은 역효과를 내는 행동을 끌어낸다는 점을 반복해서 말할 필요가 있다.

다음 중 당신이 확인한 ADHD 증상을 선택하라.

☐ 건망증
☐ 비조직화
☐ 작업을 완료하는 데 걸리는 시간을 정확하게 예측할 수 없음
☐ 해야 할 일을 추적할 수 없음
☐ 세부 사항이나 지시 사항에 대한 설명이나 재진술이 반복적으로 필요함
☐ 모든 생각을 조직적으로 표현하는 데 어려움
☐ 요리와 쇼핑이 어려움
☐ 일상적인 일을 처리하고 집이나 자녀를 위해 소지품을 정리하는 것이 어려움
☐ 지저분한 차
☐ 잡담을 따라가기 어려움
☐ 통화 중 주의를 기울이지 못함
☐ '일상적인' 일정으로 인한 피로
☐ 상점, 쇼핑몰 또는 기타 혼잡한 공간에서 쉽게 과도한 자극을 받음
☐ 너무 많은 대화나 자극으로 인해 쉽게 과부하가 걸리므로 회복하는 데 시간이나 공간이 필요함
☐ 적당한 시간 또는 잠깐에도 가만히 앉아 기다리기가 어려움
☐ 대화 중 충동적으로 말을 내뱉거나 끼어듦
☐ 기타: ____________________

사람들이 당신의 어려움을 알게 되었을 때, 'ADHD 증상'과 관련된 가장 두려운 생각은 무엇인가? 당신에게 해당하는 두려움을 선택하라.

☐ 나는 멍청하다.
☐ 나는 게으르다.
☐ 나는 충분히 신경 쓰지 않는다.
☐ 나는 제멋대로이다.
☐ 나는 좋은 엄마, 파트너, 친구, 가족, 동료가 아니다.
☐ 나는 똑똑하지 않다.
☐ 나는 뜬구름 잡는 소리를 하는 얼빠진 사람이다.
☐ 나는 관심이 없거나 흥미가 없다.
☐ 나는 의식적으로 하지 않고 예리하지 못하다.

☐ 나는 지루한 사람이다.
☐ 나는 야망이나 의욕이 없다.
☐ 나는 믿음직스럽지 못하다.
☐ 나는 무책임하다.
☐ 나는 불평이 많고 버릇이 없으며 자격도 없다.
☐ 나는 사람들에게 너무 과하다.
☐ 나는 너무 예민하다.
☐ 나는 유능하지 않다.
☐ 나는 무가치하다.
☐ 나는 남을 속이는 사기꾼이다.
☐ 기타: ________________________________

'드러나는 것'을 지각한 결과는 숨기는 행동의 강력한 촉발 요인이다. 다음에서 당신에게 해당하는 항목을 선택하라.

나는 다음과 같이 될까 봐 은밀히 걱정한다.

☐ 조롱당하다.
☐ 배제되다.
☐ 뒷말을 하다.
☐ 잔소리를 듣다.
☐ 무시당하다.
☐ 평가절하되다.
☐ 제외되다.
☐ 진지하게 받아들이지 않다.
☐ 강점이나 기여에 대한 인정을 받지 못하다.
☐ 관계에서 영향력이 없다.
☐ 경청받지 못하다.
☐ 농담거리가 되다.
☐ 이용당하다.

☐ 버려지다.
☐ 거절당하다.
☐ 낙오되다.
☐ 기타: ______

은폐의 형태

은폐는 다양한 형태를 취할 수 있다. 때로는 특정 장소나 사람들 앞에서 자신의 약점을 드러내기 두려워 벽장에 머무르는 것을 의미한다. 숨는 것은 당신이 강점이나 흥미를 활용할 있음에도 원하는 것을 선택하지 않는 형태를 취할 수도 있다.

성찰: 언제, 어떻게 숨기기 시작했는가

실수하기에는 너무 위험했던 때를 기억할 수 있는가? 아니면 당신의 생각을 말해야 하는 기회가 너무 두려웠거나, 아니면 당신이 다르게 느낀 것을 공유하는 게 두려웠던 때를 기억하는가? 무슨 일이 일어났는가?

______
______
______

숨기기 위해 선택한 가장 일관된 방법은 무엇이었나?

______
______
______

숨기려 한 최초의 기억을 설명할 수 있는가?

___

___

___

사리의 이야기: 속삭이듯 말하기

나는 수업 시간에 큰 소리로 말하기보다는 바로 옆에 있는 사람에게 속삭이듯 말하는 법을 배웠다. 다른 사람들 앞에서 오해받거나 틀릴 위험은 감수하기에 너무 큰 위협이었기 때문이다. 이것이 더 편안하고 안전하다고 느꼈지만, 내가 답을 알고 있다는 것을 선생님들이 결코 알지 못한다는 단점이 있었다! 오답을 말하거나 매끄럽지 못해 굴욕을 당하는 것으로부터 나를 보호할 생각이었지만, 그 결과 수업에 기여할 수 있었던 내가 알고 있는 것에 대한 마땅한 인정과 피드백을 받지 못했다.

미셸의 이야기: 자리가 너무 지저분해서 미안해

나는 성인이 된 어느 시점부터 '난장판'에 대한 다른 사람의 판단이 두려워 집에 친구를 초대하지 않았다. 나는 사람들이 내 비밀에 너무 가까이 오는 것을 허용하고 싶지 않았다. 이것은 친구들이 은밀히 나를 판단하고 있는지 궁금해하거나 그들의 비판에 대처하는 불편함으로부터 나를 보호해 주었지만 고립으로 이어졌고, 친구들은 내가 관계에 대해 노력하고 있는지 의문을 품기 시작했다. 한 친구가 용감하게 이에 대해 나에게 주의를 주고 나서야 무슨 일이 일어나고 있는지 알 수 있었다. 나는 정리 문제로 인해 집을 출입 금지 상태로 유지한 선택이 보호 방식이었지만 다른 사람들에게는 의도치 않게 "다가오지 마!"라는 메시지를 전달한다는 것을 깨닫지 못했다. 이것은 내가 전달하고 싶었던 것과 정반대여서 더 많은 성찰과 두려움이 유발됐지만,

궁극적으로는 만족스러운 변화를 일으켰다.

발견: 보류하기

다음의 보류 패턴 중 어떤 것이 당신에게 해당하는가?

- ☐ 나는 종종 내 생각, 의견, 아이디어를 억누른다.
- ☐ 나는 모든 것에 대해 사과해야 한다고 느낀다.
- ☐ 나는 나 자신을 고수하고 필요한 것을 요구하는 데 어려움을 겪는다.
- ☐ 나는 조용히 내 욕구나 스스로를 배신하더라도, 다른 사람들의 생각이나 행동 방식을 따른다.
- ☐ 나는 다른 사람들이 나를 판단하거나 다르게 대하지 않도록 하기 위해 가면을 쓰고 ADHD가 없는 척하는 경향이 있다.
- ☐ 사람들이 진짜 내 모습을 아는 것이 두렵다.
- ☐ 나는 직장에서 위험을 감수하지 않는다.
- ☐ 나는 새로운 집단이나 수업에 참석하거나, 새로운 친구를 만나거나, 새로운 취미를 시도하는 것과 같은 사생활에서 위험을 감수하지 않는다.
- ☐ 나는 사람들을 들이지 않는다. 나는 관계를 피상적으로 유지하거나 너무 가깝다고 느끼기 시작하면 관계를 흐트러뜨린다.
- ☐ 나는 사람들이 내 공간(집, 사무실, 차 등)에 들어오지 못하게 한다.
- ☐ 나는 집중적인 관심을 받을 수 있는 기회를 미룬다.
- ☐ 취미, 재능, 열정 프로젝트를 다른 사람과 공유하지 않는다.
- ☐ 나는 초대를 거절한다.
- ☐ 나는 도움이나 지원을 요청하지 않는다.
- ☐ 기타: ____________________

성찰: 아직 숨어 있는가

이러한 종류의 은폐 경험(안전함, 체념, 무기력, 슬픔, 좌절, 화남, 죄책감, 중립적임 등)을 하는 동안 어떤 감정을 느끼는가?

____

____

____

아직도 당신을 숨도록 만드는 것은 무엇인가?

____

____

____

아이린의 이야기: 연례 소녀 여행

해마다 아이린의 자매들과 사촌 언니들은 멀리 떨어진 지역에서 여자들만의 주말 여행을 계획한다. 겉보기엔 이런 일탈이 좋아 보이지만, 모든 여행에서 아이린은 결국 자신이 부족하고 갇혀 있는 것 같다는 느낌을 받았다. 그러나 그녀는 이것이 가족의 전통이었기 때문에 초대를 거절하는 것이 두려웠다.

그녀는 여행 전과 도중에 다른 사람들과 자신의 불안에 대해 이야기하는 것을 거부했다. 그 결과, 그녀는 여행 몇 주 전부터 두려운 마음을 가졌을 뿐만 아니라, 여행 내내 불안으로 가득 차 있었다. 일주일 내내 아이린은 자신에게 음식 준비, 숙박 계획, 청소와 같은 모든 일에서 다른 여성이 가진 기술이 없다고 느꼈다.

그녀는 자신의 '이상한' 약점이 드러날 것에 대한 공포에 사로잡혔다. 예를 들어, 아이린은 만성적으로 소음에 민감했기 때문에 수면을 위한 조정을 요청했을 때, 손이 많이 가고 분위기를 따라가지 못한다는 이유로 다른 사람들의 눈살을 찌푸리게 했다. 아이린은 주말의 대부분을 내적 고민을 하면서 보내곤 했다. 그녀는 자신을 드러내는 것이 너무 부끄럽고 두려웠기 때문에 자신의 감정과 어려움에 대해 이야기하는 것을 거부했다.

만일 당신 스스로 특정 상황들을 피하고 있는 것을 발견했다면, 당신은 혼자가 아니다. 다음에서 몇 가지 일반적인 예를 찾을 수 있다. 놓치고 있는 상황은 어떤 것인가?

발견: 자기보호

다음 문장을 완성하는 상황을 체크해 보라.

나는 ……을 / 를 좋아하지 않거나 완전히 피한다.
- ☐ 다른 사람들과 함께하는 여행
- ☐ 다른 사람들과 함께하는 운전
- ☐ 다른 사람들과 함께 일하기
- ☐ 사교 활동
- ☐ 나의 어려움이 드러날 수 있는 모임에 참석하기
- ☐ 모임을 주최하거나 공동으로 주최하는 경우
- ☐ 정말 가 보고 싶은 곳을 다른 사람들과 함께 당일치기 여행으로 가기
- ☐ 다른 사람들과 함께하는 취미 활동에 참여하기
- ☐ 기타: ______________________________

성찰: 은폐의 대가

은폐는 대가를 요구한다. 그것이 당신의 삶에 얼마나 큰 영향을 미쳤는지 알아보자.

다른 사람들과 공유하고 싶었지만 드러나는 것이 두려워 피하고 싶은 상황은 무엇인가?

당신이 원하거나 잘할 수 있었지만 실행 기능 능력이 필요했기 때문에 도약하기를 두려워했던 기회나 직위를 기술하라.

후퇴와 은폐를 선택했기 때문에 놓친 것은 무엇인가?

샤론의 이야기: '한계'를 숨기기

샤론은 탁월한 아이디어와 리더십 능력으로 직장에서 중요한 위원회의 위원장직을 제안받았다. 그녀는 이것에 필요한 조직화 기술을 깨닫기 전까지는 자신의 능력을 인정받은 것에 감격했다. 그러나 그녀는 '나는 이 직책에 적격자이며, 행정적인 도움이 필요하기에 도움을 요청할 것이다.'라고 생각하는 대신에 그 제안을 거절했다. 샤론은 도움을 요청하는 것은 다른 사람들이 그녀를 '한계가 있는' 사람으로 보도록 약점을 드러내는 것이라고 생각했기 때문이다.

리디아의 이야기: 도움이 필요함을 숨기기

리디아는 큰 관심을 두고 전문적으로 다루고 있는 주제에 대한 강의를 요청받았다. 그러나 강의를 위해서는 상당한 시간의 이동이 필요했다. 그녀는 다른 대도시를 방문할 때의 흥분을 즐겼지만, 그녀에게 필요한 모든 옷과 액세서리를 쇼핑하는 방법을 알아내고, 짐을 싸고 풀며, 무수히 많은 것을 따라야 하는 것과 같이 다른 여성들은 쉽게 하는 것처럼 보이는 이성적 · 조직적인 측면의 요구는 좋아하지 않았다. 그녀는 너무 많은 '무능함'이 드러날 것이라고 생각하는 작업에 대해 도움을 받을 수 있는 창의적인 방법을 고려하는 대신에 강의 제안을 거절했다. '다른 여성들은 이런 도움이 필요하지 않아! 이런 일을 할 수 없다는 것을 누군가 알게 되면 나 자신이 바보처럼 느껴질 것 같아!'라고 리디아는 마음속으로 생각했다.

여성은 판단 자체로부터 피하는 것이 아니라 고통, 실망 그리고 단절될 것에 대한 예상으로부터 숨게 된다. 은폐 행위는 이런 불편감과 고통으로부터 우리를 보호하는 것처럼 보이지만, 정확히는 우리 자신의 빛을 감소시키는 것과 같은 큰 대가를 치르게 한다. 숨기는 것은 방어와 보호의 역할을 하기보다는 실제로 우리가 갈망하는 것과 멀어지게 한다.

여성이 숨는 이유: 성별이 ADHD를 만나다

이전 장에서 논의한 바와 같이 성 역할화된 관습과 기대는 우리의 정신에 깊숙이 박혀 있다. 그리고 이러한 규준들은 ADHD를 가진 여성을 곧장 숨도록 만들어 은밀하게 방해할 수 있고, 실제로 그런 역할을 하고 있다. 알다시피 ADHD를 가진 여성은 비순응주의자이기보다는 오히려 선택의 여지가 없는 뇌 기반의 차이로 인해 전형적인 역할과 사회적 규범에서 벗어날 수밖에 없다. 우리 중 일부는 더 전통적인 성 역할 행동을 보여 주기를 갈망하는 반면, 다른 일부는 그 틀을 깨기를 갈망한다. 그러나 ADHD를 가진 여성은 시작하거나, 주장하거나, 규준으로부터 눈에 띄게 벗어나는 선택을 하는 데 많은 자유가 주어지지 않는다. 이 갈등은 미묘하지만 깊고 만연하며 의도적으로 생활 방식을 선택하는 것에서 비롯되지 않았다.

역할 및 규칙

성 역할은 집단 내에서 어디에 속하고 어떤 책임을 지는지에 대해 합의된 것인 반면, 성별 규칙은 우리의 역할을 수행하는 방법을 규정하는 지침이다. 이것은 문화와 가족에 따라 상당히 다를 수 있다.

우리는 성장하는 동안 성 역할과 행동을 규율하는 명시적 · 암묵적인 규칙을 받아들였다. 이러한 '규칙들'은 종종 '규칙을 어기면' 꾸짖음을 받거나 수치심을 느끼거나 집단에서 쫓겨나는 처벌을 받을 정도로 강력하게 내면화된다. 실제로 가족이나 집단에서 한 사람이 변화하거나 목소리를 낼 때, 이전의 역동이 건강하지 않거나 편안하지 않더라도 익숙함을 느끼는 예전의 방식으로 돌아가기 위해 언어 및 비언어적 의사소통을 하는 일은 흔하며, 이것을 '체인지 백 메세지(change-back messages)'라고 부른다(Lerner, 1989, 193).

건강한 가족 내에서는 모든 종류의 행동에 대한 기대와 요구가 구조화되어 안전감을 제공하도록 설계된다. 역할과 규칙은 개별 구성원의 차이를 충분히 반영하고 각 구성원의 성장을 지지하기 위해 필요에 따라 변경될 수 있을 만큼 유연하다. 많은 가족이 이러한 변화에 보다 유연하게 적응하는 반면, 어떤 가족은 세대 간 지속되는 경직된 패턴에 사로잡히게 된다. 결과적으로, 더 경직된 가족은 무언의 융통성 없는 규칙을 편협한 운영 방식 속에서 발전시키는 경향이 있다. 따라서 이런 규칙과 그 힘을 더 많이 이해할수록 수치심과 편협함의 악순환을 끊을 수 있는 능력이 늘어날 것이다.

발견: 가족 내 정형화된 성 역할

여기 유아기부터 여자아이들이 가르침을 받는 틀에 맞출 것과 수용하도록 요구되는 몇 가지 일반적인 전통적인 성 역할이 있다. (그렇다, 믿거나 말거나 이것은 여전히 일어나고 있다!)
다음 예시 중 당신이 수행한 역할처럼 들리거나 가족 내에서 직간접적으로 따르도록 권유받은 역할이 있는가? 친숙한 것을 선택해 보라.

☐ 속수무책인 어린 여자아이
☐ 조용하고 착한 여자아이
☐ 부모 또는 형제자매의 보호자 또는 후원자
☐ 별로 똑똑하지 않은 여자아이
☐ 수줍은 여자아이
☐ 사교적으로 어색하고 인기 없는 여자아이
☐ 기타: ____________________

성별과 ADHD의 교차점

비록 성 역할과 성별 기대가 수십 년 전의 경우처럼 직접 전달되고 통용되지는 않지만, ADHD를 가진 많은 여성은 가정과 커뮤니티, 사회 전반에서 '충분히 괜찮은' 여성이 된다는 것에 대한 내면화된 메시지로 인해 강요되고 제한된 느낌을 받는다. 이러한 암묵적 역할과 금기는 우리의 욕구(합의, 수정 또는 단순한 이해와 지지)를 충족시키는 것과 이런 구조에서 벗어나는 것에 대한 두려움을 극복하기 어렵게 만든다. 대담하고 만족스러운 삶을 살기 위해서는 우리의 ADHD 경험들이 성별 관련 규칙과 역할, 기대와 어떤 식으로 교차되는지 인식하는 것이 중요하다.

'지금 당장 나의 ADHD를 어떻게 지원할 수 있는가?'와 같은 간단한 질문은 쉽게 '도움을 요청한 것의 결과가 무엇인가?' 또는 '이 문제를 스스로 해결하고 팀 플레이어가 되어야 한다. 내가 무능하다고 생각하면 어떻게 하지? 내가 경계를 설정해서 그들이 화를 낸다면 어쩌지? …… 나를 화내도 되는 사람으로 인식할 것이다. 나는 이런 소란을 피우면 안 된다.'와 같은 것으로 바뀔 수 있다. 이것은 도움을 요청하고, 취약성을 드러내고, 다른 사람들에게 영향을 미칠 수 있는 방식으로 변화되어야 할 필요성을 주장하는 우리의 능력을 더욱 복잡하게 만든다.

이러한 금기들을 밀어붙이는 것은 권력이 존재하는 공간에서 스스로를 주장하는 용기를 필요로 한다. 이것은 어떤 규칙을 어길 위험을 감수하는 것을 의미한다.

규칙을 깨는 법 배우기

로렐 테스커 얼리치(Laurel Thatcher Ulrich, 1976)는 "예의 바른 여성은 좀처럼 역사를 만들지 못한다."라는 말을 남긴 것으로 유명하다. 억압적인 교훈을 배우고 해가 되는 서술로부터의 얽힘을 푸는 과정에서, 우리는 몇 가지 규칙을 깰 수 있는 기회를 얻는다. 이것은 여성이 '해야 할 것'이라고 배운 것을 반대하는 것에서부터 시작한다.

알렉시스의 이야기: 그녀 자신의 배를 조종하기

48세의 알렉시스는 흥미로운 변화를 앞두고 있다. 자신의 장점과 열정을 표현할 수 없던 인사 부서에서 일하는 데 지친 그녀는 믿을 수 있는 비서의 도움으로 컨설팅 사업을 시작하기로 결정했다. 알렉시스는 몇 년 동안 이러한 도약을 꿈꿔 왔고, 마침내 기회를 얻으며 강인함을 느끼는 지점에 도달했다.

그녀가 두려워한 것은 단 한 가지였는데, 친구와 가족에게 몇 년 동안 미루어 왔던 이 꿈을 말하는 것이었다. 알렉시스는 몇 주 동안 두려운 전환점에 맞서기 위해 노력하면서 지치고 패배한 듯 보이는 채로 치료 회기에 왔다. 최근 자신에게 필요했던 강인함과 명료함을 얻었음에도, 그녀는 눈물을 흘리며 지난 주에 겪은 자신의 크고 흥미진진한 꿈을 다른 사람들에게 전달할 때 느꼈던 압도적인 두려움과 수치심, 의심의 감정에 대해 설명했다. 그녀는 대중 속에서 나와 독립적인 선택이나 말을 할 때마다 과거에 다른 사람들이 자신을 이기적이고, 감정적이며, 부주의하고, 우두머리 행세를 한다고 말했던 모든 시간을 회상하게 되고 머릿속에 맴도는 것 같다고 말했다.

자라면서 알렉시스는 의지가 강한 아이로 여겨졌다. 그녀는 솔직했고 종종 자신만의 창의적인 방법을 생각해 냈지만, 가족과 교사가 이것을 항상 높이 평가하는 것은 아니었다. 그녀는 소녀들이 어떻게 행동해야 하는지에 대한 말과 무언의 규칙들로 인해 수치스럽고 숨 막히는 듯한 답답함을 느꼈다. 알렉시스는 이런 도약이 단지 역할들의 내러티브를 강화하며 가장 지지받고 싶은 사람들에게 그녀가 이기적이고 충동적이며 지나치게 감정적인 사람으로 인식될 것이 두려웠다.

이러한 얽힘과 성 역할 행동 및 ADHD 증상에 대해 다른 사람들의 오해를 내면화한 메시지를 반영하는 방식에 대해 이야기한 후, 알렉시스는 자신이 아는 선 내에서 스스로를 새롭게 할 수 있었다. 회기가 끝나갈 무렵, 알렉시스는 진심으로 믿었던 사실을 주장했다. 그녀는 자신을 위해 좋은 선택을 하고 다른 사람들에게 자신의 결정을 주장할 수 있을 뿐만 아니라 스스로 배를 조종할 가치가 있는 사람이었다.

ADHD를 가진 여성이 반드시 비전통적인 방식의 행동을 선택하는 것은 아니다. 사실 우리에게는 선택의 여지가 없다. 역사적으로 여성에게 할당된 일들은 종종 상당한 실행 기능 기술을 필요로 하기 때문에 우리는 전통적인 성별 상자에 들어갈 수 없다. 설상가상으로 ADHD를 가진 여성은 종종 성적 지향에 관계없이 ADHD가 없는 사람들에게 이 경험을 설명할 방법이 없다고 말한다. 이러한 성별 비순응과 관련된 문제는 성별 유동성에 대한 차별이 매일 삶의 질에 위협이 되는 트랜스젠더 또는 퀴어 커뮤니티 구성원들과 같이 특이하고 독특하게 계층화될 가능성이 높다.

성찰: 성 역할의 영향

전통적인 성 역할 행동을 기대했던 관계 내에서 도움을 요청하고 요구 사항을 주장하는 것에 대해 무엇을 배웠는가?

____

____

____

____

발견: 성별 규칙

우리 모두는 여성의 행동을 금기하고 단속하는 특정 규칙에 대한 메시지를 받는다. 이러한 규칙과 그 암묵적인 결과는 종종 도움을 요청하거나 ADHD 두뇌에 기반한 요구를 지원받는 데 방해가 된다.

다음 규칙 중 어느 것에 익숙한가?

□ 소란을 피우지 말 것
□ 착하게 행동할 것
□ 받아들일 것
□ 특별한 호의를 구하지 말 것
□ 기초적인 지원이나 적절한 편의와 같은 특권을 요구하지 말 것
□ 스스로 특별하다고 생각하는 것처럼 행동하지 말 것
□ 눈에 띄지 말 것
□ 기타: ________________________________

뎁의 이야기: 규칙, 역할 및 전통

뎁의 가족은 작은 지역사회에서 좋은 평가를 받았다. 교사인 그녀의 어머니는 늘 활동적 · 외향적이며 조직적으로 훌륭한 모습을 한 학군의 초석이었다. 그녀는 지역사회의 다른 학부모들과 잘 어울리고 정기적으로 사교 모임을 주최하여 여러 장식과 음식을 준비했다. 뎁은 어린 시절 부엌 놀이를 하며 안주인 역할을 하던 것을 기억했고, 이제 성인이 되어서 어머니의 사교적인 성격과 매끄럽게 동기화된 일상의 재현을 갈망했다. 그러나 그녀는 항상 부족한 것 같았다.

뎁의 아버지는 거의 집에 계시지 않았다. 그리고 아버지가 집에 있을 때 뎁은 '아버지에게 추가적인 스트레스를 주지 말라'는 암묵적인 규칙을 알고 있었기 때문에 아버지와 소통하고 연결감을 느끼는 데 문제가 있었다. 그녀는 자신의 진정한 생각과 감정 또는 삶의 자연스러운 기복을 아버지와 공유할 수 있음을 결코 느끼지 못했다. 뎁은 부모의 노력을 충분히 가치 있게 여기지 않았으며, 부모를 실망시키는 것을 매우 두려워했다. 그래서 그녀는 부모를 행복하게 만들고 부모가 그녀를 자랑스럽게 여길 수 있도록 자신의 문제들을 자주 숨겼다.

뎁은 여성이 친절해야 하고 소란을 피우지 말아야 한다는 것을 배웠다. 도움을 요청하거나 의견을 나눌 용기를 발견했을 때, 그녀는 자신이 다른 사람들을 불편하게 만들었음을 느꼈다. 뎁은 그녀의 독특한 요구와 문제가 빠르게 무시되었기 때문에 지원을 요청하는 것을 부담으로 느꼈다. 그녀는 자신의 의견을 말하거나 의견 차이를 표명할 때, 마치 사람들을 짜증 나게 만드는 것처럼 느꼈다.

이제 뎁은 아내이자 어머니로서 부유한 지역사회에서 살고 있기에 그녀의 어머니와 같이 잘 조직화되어 있고, 활동적이며, 제시간에 처리하고, 비싼 요가복을 입고, 도덕적으로 우수해 보이는 육아법을 연습하고, 꽉 찬 일정을 완벽하게 지키는 여성들에 둘러싸여 있다(이것은 ADHD를 가진 여성들을 위한 꽤 좋은 설정이다!). 뎁은 자신의 능력과 문제들을 주변의 여성들과 비교하며 차이들로 인해 취약하다고 느꼈다. 그녀는 때때로 커뮤니티 여성의 성과를 이상화했지만, 모든 감정을 제쳐 두고도 다른 사람들은 가지고 있지 않은 몇 가지 심각한 차이점과 어려움이 있음을 알고 있었다. 이것은 그녀가 〈오드맘 아웃(the odd mom out)〉[1]이라는 증거가 됐다.

그녀가 자신의 문제들을 비밀로 유지하면서 커뮤니티의 은밀한 역할과 규칙을 지키며 '정상으로 통과'하려고 노력할 때 자신이 끊임없이 압도되고 지쳐 가고 있음을 깨달았다. 그녀의 뇌에 기반한 문제들이 단순히 이것을 허락하지 않았기 때문에, 그녀가 '통과'할 수 없음을 알았을 때 남몰래 동경하는 다른 여성들이 그녀가 사실은 커뮤니티의 암묵적인 기준을 충족할 수 없다는 점을 발견하지 못하도록 스스로를 고립시켰다.

뎁은 여성이 책임감을 가지고, 그리고 뛰어나게 가족들을 연결시키고 의식적인 일들을 해내는 가정에서 자랐기 때문에, 특히 휴가 기간쯤에는 압박감과 우울감을 느꼈다. 그녀는 실행 기능의 문제로 인해 따르기가 극히 어려운 일련의 규칙과 역할을 내면화하면서 정서적 긴장감이 더 가중되었다. 게다가 그녀는 목소리를 높이는 것이 '문제를 일으킬 수' 있기 때문에 부적절하고 이기적이라는 가족의 오래된 규칙에 대해 여전히 압박감을 느끼고 있었다.

뎁은 마음속 깊이 '가족의 전통을 이어 갈 책임이 있는 사람'이라는 자신의 역할이 타협할 수 없는 것이라고 믿었고, 결과적으로 그녀는 어떤 대가를 치르더라도 이러한 의식을 조정하는 주제에 대해 이야기하는 것을 거부했다. 뎁은 자신의 필요를 위해 경계를 설정하고 도움을 요청하는 것이 가족을 실망시키고 궁극적으로 깊은 단절로 이어질까 봐 걱정했다. 가족의 전통 및 여성과 관련한 이상화되고 내면화된 역할과 규칙에 대한 두려움은 긴장, 스

---

1) 역자 주: 2015~2017년 방영된 미국의 시트콤으로, 평범한 여성이 뉴욕의 상류층 엄마들의 삶에 끼기 위해 노력하는 이야기를 담고 있다.

트레스, 분노로 이어져 상황을 악화시키고 종종 불안과 우울감을 유발했다. 뎁은 일생 동안 내면화된 메시지에 갇혀 있다고 느꼈고 이를 협상하거나 탐색하는 방법을 몰랐다.

성찰: 뎁의 이야기

뎁이 내면화한 성 역할이나 성별 규칙 또는 의식에 대한 암묵적이거나 관찰된 메시지에 동일시하는 것이 있는가? 있다면 그러한 메시지가 당신에게 어떤 영향을 미치는가?

____

____

____

____

틀 깨기

정치적 성향에 관계없이 대부분의 여성은 2017년 빠르게 입소문이 났던 상원 다수당 원내 대표인 미첼 맥코넬(Mitch McConnell)이 엘리자베스 워렌(Elizabeth Warren) 상원의원에게 한 발언에 공감할 것이다. 맥코넬은 전통을 무시하고 상원에서 발언하기로 한 워렌의 결정에 동의하지 않고 한동안 가장 가슴 아픈 공개 성명 중 하나를 만들었다. "그녀는 경고를 받았다. 그녀는 설명을 들었지만 버텨 냈다." 이 사례는 우리가 정상적인 것에서 어긋나게 행동할 때 여성들이 받는 반발 메시지에 대해 큰 소리로 말한다. 그녀가 질책을 받은 것이 정치적 성향이나 연설 내용이 아니라 전통을 거부하고 목소리를 낸 것이었음에 주목하라. 이 얽힘을 푸는 여정에 있는 ADHD를 가진 여성으로서 우리는 오래된 이야기와 어려운 상황에 맞서기를 지속하라는 부름을 받고 있다.

ADHD를 가진 여성이 특정 관계에서나 성 역할이 포함된 전통적인 환경에서 뇌에 기반한 문제에 직면하게 될 때, 또는 전통적으로 여성에게 할당된 일들(연하장 보내기, 아픈 이웃을 위해 요리하기, 집 안 정리하기 등)에 참여하려고 할 때 종종 우리의 어려움과 필요 사항을 주장하는 데 상당한 난관에 부딪히게 된다. 우리는 지나치게 사과하거나, 할 수 없거나 들어주기 어려운 부탁에 "예."라고 답하거나, 신경 전형적인 방식으로 행동할 수 없는 것을 '보완'하려는 시도를 하기도 한다.

당신은 무언의 금지와 기대에 속박되어 있다고 느낄 수 있으며, 더 나아가 당신의 자율성과 자유 의지를 공격당한다고 느낄 수 있다. 이것은 당신이 가장 주장해야 할 때 효과적으로 침묵시킬 수 있다.

깨진 기대에 대한 암묵적인 결과

우리는 집단 내 선호되는 명시적이거나 암묵적인 규칙, 기대 및 메시지를 준수하지 않을 경우, 어떤 결과가 발생할 수 있는지를 파악한다. 이러한 암묵적인 위협은 어조, 표정, 문구 또는 행동으로 전달될 수 있다. "당신은 너무 멀리 가고 있어요. 뒤로 물러나세요. 원래대로 돌아가세요. 틀에서 벗어나지 마세요." 이러한 결과는 일반적으로 우리가 일치하지 않는 방식으로 행동하면 집단이나 관계에서의 안녕감이 위협받게 될 것임을 암시한다. 우리는 어떤 식으로든 목소리를 내거나 틀을 깨면 배척당하고 판단을 받고 고립될까 두려워한다.

우리는 종종 사람들에게 우리의 어려움뿐만 아니라 강점이나 성취를 드러내기 꺼린다. 금기 사항은 '그것이 문제든 재능이든' 차이 자체를 보이는 것이다. 두려운 결과는 "당신이 우리보다 낫다고 생각하나요?"와 같은 미묘한 메시지를 받는 것이 될 수도 있다.

성찰: 지속되는 것

자신의 장점이나 재능을 보여 주거나 긍정적인 방식으로 집단에서 이탈되는 것에 대한 미묘한 금지 사항을 기억하는가? 그러한 것이 당신에게 어떤 영향을 미쳤는가?

____

____

____

____

타미의 이야기: 넌 너무 이기적이야!

타미는 방금 ADHD를 진단받았다. 그녀는 매우 똑똑하지만 ADHD로 인해 성취도가 낮았다. 진단 후 추가적인 지원과 개입으로 타미는 자신의 사업을 하겠다는 꿈을 꾸기 시작했다. 그녀는 새로운 명함과 웹사이트를 만들기 시작했고 일요일에는 시간을 내어 흥미진진한 새로운 시도를 하고 싶었다.

문제는 매주 일요일마다 그녀의 형제자매들이 찾아온다는 것이었다. 여자들은 좋아하는 리얼리티 쇼를 보고 웃고 즐기겠지만, 일요일은 타미에게 유일한 혼자만의 시간이었고 TV 쇼를 끝까지 보기 위해 가만히 앉아 있는 것이 어려웠다.

타미는 자신을 위한 시간과 공간이 필요함을 말할 수 없다고 느꼈을 뿐만 아니라 가족들이 그녀의 새로운 야망과 아이디어를 비웃을까 봐 걱정했다. 그들은 그녀가 어렸을 때 그녀의 기발한 아이디어를 종종 비웃었다.

효과적으로 의사소통하고 자신이 사업에서 누릴 공간을 주장할 수 있는 권한을 스스로에게 제공하는 대신, 타미는 일요일마다 계속해서 기분이 나빠지는 것을 느꼈다. 분노감에 사로잡힌 채로 그녀가 흥미를 느끼는 새로운 사업에 대한 비밀을 지키도록 노력하며 동시에 다른 곳에 있고 싶은 욕망에 몰두되어, 좋아하는 방식으로 함께하는 시간을 즐길 수 없었다. 또한 정말로 하고 싶었던 것을 할 수 없었다. 자신의 이러한 새로운 부분을 사람들로부터 숨겨야 한다고 느꼈다. 타미는 가족의 전통을 깨고 "너는 너무 이기적이야!"와 같은 오래된 말에 맞서는 것을 두려워했다. 오래된 메시지에 대한 기억은 그녀가 새로운 삶에 진입하는 데 장애물이 되었다.

여성은 관계를 보살필 준비가 되어 있기에 의미 있고 연결감을 유지해야 하는 관계 내에서 지각된 위협에 특히 취약하다. 그러나 ADHD를 가진 여성으로서는 뇌가 항상 우리를 위해 드러나지 않기 때문에 자주 다른 것을 하도록 강요받는 경우가 있다. 모든 여성에게 불가능한 일이지만, 특히 ADHD를 가진 여성에게 '슈퍼우먼 이마고(The Superwoman Imago)'의 완벽한 여성상의 황금 기준에 부응하는 것은 훨씬 더 어렵다(Eichenbaum & Orbach, 1987). ADHD를 가진 것은 지원을 위한 몇 가지 독특한 요구 사항이 있을 수 있음을 의미하지만, 요청하는 행위 자체가 상황을 뒤흔드는 위험 신호일 수 있기 때문에 요청하기 어려울 수 있다. 때로는 우리가 요구하는 행위 자체가 더 두려운 문제가 되기도 한다. 특히 여성의 주장을 위협적이거나 징징거리는 것으로 인식하는 시스템 내에서 살거나 일하는 경우에는 더욱 그렇다.

발견: 노출의 대가

과거에 당신의 차이점을 드러내는 데 어려움을 겪은 적이 있는가? 다음 중 친숙한 항목을 선택하라.

□ 당신은 ADHD에 대해 비우호적인 상황에서 도움이나 지원을 요청하는 것을 주저한 적이 있는가? (그들은 내가 자만해서 이런 자격이 있고 '나는 특별하다'고 생각하는 것으로 여겨 나를 거부할 것이다!)

□ 훨씬 더 참여적이고 효율적인 팀원이 될 수 있음을 알면서도 편의를 요청하거나(예: 유연한 근무 시간 조정), 사무실의 조용한 곳으로 자리를 이동하거나, 사무실의 문을 닫는 행위를 중단한

적이 있는가? (“불친절하게 보이고 싶지 않아! 좋은 사람이라고 약속할게!” 그들은 나의 성과에 대해 부정적인 평가를 할 것이고, 만약 내가 이런 일을 하면 나를 알고 싶어 하지 않을 것이다.)

□ 직장에서 더 많은 보조 직원을 요청하거나 집에서 가사 도우미를 구하도록 상대방에게 제안하고 싶었지만 상대방의 대답에 대한 두려움 때문에 말하지 못한 적이 있는가? (나는 어떻게 될지 이미 알고 있다. 그들은 “정말요? 돈을 써야 하는 더 중요한 것들이 있어요!”라고 말할 것이다.)

□ 파티를 하고 사람들에게 포트럭 요리를 가져오라고 요청한 적이 있는가? (나는 그들이 “요리는 그렇게 어렵지 않아요! 슬로우 쿠커에 무언가를 넣기만 하면 돼요. 요리가 로켓 과학은 아니잖아요.”라고 말하는 것을 듣고 싶지 않다.)

□ 베이비 샤워 및 웨딩 샤워에 참석하여 얼마나 압도되는지를 설명할 때 지나치게 단순하고 상당히 판단적인 반응을 본 적이 있는가? (“재밌을 거야! 긴장 풀고! 기재 내역은 확인했어? 좋은 선물은 거의 다 떨어졌어!”라는 말을 듣는 것이 정말 두렵다. 이것들은 정말 끔찍하다!)

□ 집 밖의 조용한 장소에서 사교 모임을 갖자고 했을 때 친구의 반응이 걱정된 적이 있는가? (이성적으로 나는 이번 모임 장소가 ‘나의 집 차례’라는 것을 안다. 나는 이미 어떠한 말을 들을지 알고 있다. “다른 사람들은 모두 주최했다!” 윽.)

성찰: 노출의 대가

앞서 열거한 사례와 같은 상황이 어떻게 당신의 차이와 필요를 숨기거나 목소리를 내는 것에 지속적인 영향을 미쳤는가?

____

____

____

____

제4장 요약

- ADHD를 가진 여성이 보호를 위해 의존하는 가장 만연하고 해로운 대처 전략 중 하나는 숨기는 것이다.
- 숨는 행위는 불편함, 갈등 및 취약성을 회피하는 기능을 제공하는 것처럼 보이지만, 이것은 또한 당신이 누구인지, 그리고 당신이 세상에 제공해야 하는 것의 많은 부분을 드러내지 못하도록 만든다.
- 숨기는 것은 당신의 삶에서 당신을 제외시킨다.
- ADHD를 가진 여성에게 성 역할, 성별 규칙 및 기대는 불을 지피는 연료로서 추가된다. 이는 자신의 목소리로 주장하고 공간을 차지하며 자신의 고유한 요구, 선호도, 아이디어 및 강점을 꾸밈없이 고수하려는 시도를 더욱 복잡하게 만들고 방해하기 때문이다.
- 자기 침묵과 은폐 행위 지속의 궁극적인 효과는 ADHD 문제를 지원하고 장점들을 부각시켜 삶을 창조하려는 시도에 또 다른 장벽을 추가하는 것이다.

제2부

더 밝게

—

삶의 그림자 대부분은 우리 자신이 햇빛 속에 서 있기 때문에 생긴다.

—랠프 월도 에머슨(Ralph Waldo Emerson)

에머슨의 인용문이 암시하듯, 변화의 길에서 극복해야 할 가장 큰 장애물은 우리가 지닌 빛에 대한 두려움이다. 에머슨의 성찰은 우리 스스로가 빛날 권리에 저항함으로써 기여한, 어쩌면 심지어 만들어 낸 고난과 어둠의 시기를 말해 주고 있다.

빛나는 것은, 즉 ADHD를 가진 여성으로서 더 밝은 삶의 방식으로 나아가려면 우리가 진정으로 원하는 것이 무엇인지 생각하고, 누구인지에 대해 더 많이 세상에 보여 주고, 연결되고 싶은 사람을 선택하고, 누구에게서 떠나고 싶은지 인정하는 것이 요구된다. 이 과정은 내적인 장벽을 유발할 수 있는데, 우리가 어린 시절에 배운 '여성이 어떻게 순응적인 방식으로 행동해야 하는지'와 충돌하기 때문이다.

ADHD를 가진 여성은 일반적으로 이 여정에서 두려움을 느끼고 저항에 직면하게 된다. 이것이 바로 제2부 '더 밝게'가 자신의 그림자에서 벗어나 가장 적합한 길로 인도하는 다리를 건너도록 돕는 데 전념하는 이유이다.

지금은 자신의 완전히 새로운 비전을 상상하고 ADHD를 가진 여성으로서 삶에 대한 새로운 버전을 시도하는 데 집중할 때이다. 그러니 계속 밝게 나아가 보자.

제5장

밝음에 적응하라

가능성을 활용하기

영감을 주는 작가인 마리앤 윌리엄슨(Marianne Williamson)은 제2부의 시작 부분에 있는 에머슨의 인용문과 유사한 정서를 표현했다. "가장 깊은 두려움은 우리가 부족하다는 것이 아닌, 측량할 수 없을 정도로 강력하다는 점이다. 우리를 가장 두렵게 하는 것은 어둠이 아니라 빛이다"(1996, 190).

윌리엄슨의 인용문을 ADHD를 가진 여성으로서 겪는 여정에 비추어 볼 때 이것은 특히 더 강렬하다. 구름이 걷히고 따뜻함과 기회가 삶에 들어올 때 대부분의 사람처럼 불편함을 느끼며 준비가 부족하다는 생각에 압도되는 자신을 발견할 수도 있다.

변덕스러운 뇌의 기후 변화와 요동치는 감정적 공간에서 살아남기 위해 머리를 숙이는 데 익숙해지면, 태양이 당신을 비추는 것 자체가 너무 낯설고 눈부시다고 느낄 수도 있다.

성장, 변화 그리고 자신의 빛으로 완전히 발을 내딛는다는 것은 온전히 믿을 수 없고 어쩌면 무책임하다고 느낄 수도 있다. 예상치 못한 밝음에 준비되어 있지 않으면, 가장 먼저 느껴지는 충동은 외면하거나 눈을 가리는 것일 수 있다. 또한 더욱 내면 깊은 곳으로 후퇴하려 할 수도 있다.

그러나 당신의 여정이 시작된 이 시점에서, 은신을 위해 어둠 속으로 돌아가는 것은 더 이상 예전만큼 안전하고 견딜 수 있는 것처럼 느껴지지는 않을 것이다. 그러므로 희망을 안고 계획의 조정을 고려하게 될 것이다. 이번에는 후퇴하는 대신, 잠시 시간을 내어 마음을 가다듬고 자외선 차단제와 챙이 넓은 모자를 챙겨 밖으로 나가서 따뜻한 햇살을 만끽해 보자.

ADHD 여부에 관계없이 대부분의 여성이 더 밝게 빛날 수 있는 가능성을 생각할 때 두려움과 의심이 촉발될 수 있음을 이해하기 바란다. 변화는 자신과 삶에 미치는 영향뿐 아니라 다른 사람들이 어떻게 반응할지에 대한 생각까지 많은 것에 대한 불안을 불러일으킨다. 이것은 변화의 과정에서 예측되는 정상적인 부분이며 전환점에서 피할 수 없는 꼭 필요한 구성 요소이다. 변화하는 것이 자신만은 아니라는 것을 기억하라. 당신의 움직임으로 인해 당신의 궤도에 있는 주변 사람들도 모두 적응해야 할 것이고, 약간의 시간과 끈기가 필요할 것이다.

스스로에 대한 전체 그림을 구성하기 위한 퍼즐 조각은 ADHD로 인해 항상 누락되어 왔다. 지난 수년간의 왜곡과 좌절을 뒤로하고 잃어버린 조각을 되찾아 돌려놓고 더 완성되고 명확한 모습으로 수정하여 자신의 새로운 모습을 구성하는 것에 대한 생각을 시작해 볼 때이다. 더욱 완성되고 명확한 자신의 모습과 가능성은 자신의 강점과 도전들뿐만 아니라 흥미를 느끼는 것과 필요한 지원, 자원 그리고 특히 신뢰할 수 있는 지속적인 성격 특질에 대한 통합적인 이해가 포함되어야 한다.

ADHD와 관련한 취약성을 가지고 있을 때, 우리는 일반적으로 겪는 어려움을 예리하게 인식한다. 그러나 자연스럽게 우리가 느끼는 지속된 핵심 특질은 종종 '별일 아닌 것' 또는 '그저 내 모습의 일부'로 보기 때문에 간과한다. ADHD로 인한 증상과 경험은 너무도 쉽게 우리 자신에 대한 관점을 지배할 수 있다. 그렇기에 우리는 자신의 강점과 핵심적인 성격 특질을 당연하게 여길 수 있다. 지속적인 핵심 특질을 간과할 때, 우리는 이를 기반으로 할 기회를 잃게 되며, 이런 특질이 가장 필요한 시점에 자신이 지닌 근본적인 부분에 의지할 수 있다는 감각을 개발할 수 없게 된다.

새로운 꿈에 도전하기

이 단계는 빛을 향한 여정에서 마치 새로운 스타일의 옷을 입어 보는 것처럼 새로운 아이디어, 이야기, 비전을 시도해 보는 것이다. 이 과정에서는 당신이 아직 어떤 약속도 하지 않았다는 것을 알기에 즐기면 된다. 당신은 아마도 웃으면서 시도해 본 것들의 대부분을 버릴지도 모르지만, 스스로에 대한 가능성을 열어 두었기 때문에 실제로 진정한 자신을 반영하는 몇 가지 새로운 아이템을 찾을지도 모른다.

재미와 장난기가 가득한 영혼처럼 오래된 꿈들을 꺼내어 지금의 자신에게 어떻게 맞추어 볼지 살펴보며 즐겨 보라. 그리고 변해야 할 것, 버려야 할 것, 새롭게 고쳐야 할 것들을 결정하여 마음속에만 간직할 공상으로 영원히 보관해야 할 것들을 정하라. 장난기는 확장되는 내러티브에 대한 '저항에 저항'하도록 만들고 경계를 풀게 하는 열쇠이다.

희망과 꿈을 꾸미기

당신의 오래된 꿈을 새롭게 고치기 위해서는 어떤 종류의 꿈을 꾸었는지 확인하고 가장 소중하게 여긴 꿈, 버려진 꿈 혹은 발견되지 않은 꿈이 자신과 어떤 관계가 있는지를 알아내는 것이 도움이 된다. 우리 대부분은 어릴 적부터 꿈을 꾸어 왔다. 그중 일부는 초인적인 영웅이나 부모, TV에서 본 것, 또는 좋아하는 선생님이나 이웃을 기반으로 한 환상이었다. 우리 중 일부의 어릴 적 꿈은 진정한 재능이나 열정의 발견을 기반으로 하기도 했다. 아마도 은밀한 희망과 꿈을 성취하기 위해 수년간의 노력으로 이어졌을지도 모른다. 그러나 일부 사람들에게는 삶의 환경이 혹독했기 때문에 일찍이 꿈을 제쳐 놓았고, 꿈을 추구하는 특권이나 사치가 허용되지 않았다. 그리고 여전히 일부 사람은 자신의 꿈과 희망이 파일 더미 저 밑바닥에서 사라져 갈 정도로 일상의 세세한 것들에 잠식되어 버린 자신을 발견할지도 모른다.

초기 성인기의 ADHD를 가진 여성은 잦은 상실감과 좌절감을 느끼며 미래에 대한 비전(혹은 그 어느 것이라도)을 향해 어떻게 나아가야 할지 몰라 상당한 불확실감을 느낀다. 이처럼 많은 사람이 어디서부터 시작해야 할지 확신하지 못하거나 애당초 자신의 꿈, 열정 및 흥미를 인식하는 데 어려움을 겪는다.

내담자 제니퍼는 우리에게 다음과 같은 글을 보내 왔다.

> 저에게 있어 문제는 조직화와 관련된 것이 아니라 희망과 꿈을 추구할 권리가 없다고 느끼는 것입니다.

이 진술은 ADHD를 가진 여성에게 흔히 나타나는 희망과 꿈의 상실이라는 치명적인 특성을 묘사한다. 그리고 희망과 꿈의 상실은 서서히 우리의 영혼을 잠식시키며 활력과 생동감을 고갈시킬 수 있다. 목적의식은 인간을 움직이게 하며 절망과 싸워 나가기 위한 필수적인 요소이다. 따라서 목적의식을 발견하고 삶의 경험 속에서 의미를 만드는 것은 ADHD를 가진 성인을 위한 성공적인 치료의 중추적인 요소이다.

치료 효과를 측정하는 핵심 척도는 시간을 잘 지키는 경우가 늘었는지, 문서 더미의 크기가 줄었는지와 같은 문제를 넘어서야 한다. 특정 ADHD 증상과 어려움에 대한 전략적인 지원이 필요하지만, ADHD를 위한 포괄적인 치료에는 다음과 같은 질문도 포함되어야 한다. “나는 더 큰 진정성과 의미를 향해 나아가고 있는가? 스스로 살아 있다고 느끼게 하는 희망과 꿈을 실현시키고 있는가?”

강력한 비전과 목적의식은 우리를 자극하고 활성화하는데, 이것은 상당한 자극의 추구와 갈망을 필요로 하는 성인 ADHD 두뇌에 있어 매우 중요한 요소이다. 삶의 목적과 의미 그리고 미래의 방향성에 대한 탐색은 단순히 기분을 좋아지게 하는 솜털 다발 같은 것이 아니다. 무엇이 우리를 밝혀 주는 것인지 알아내는 것은 ADHD 뇌를 조절하는 데 필수적이다.

네 가지 유형의 꿈

어린 시절의 꿈을 살펴볼 때 당신은 아마도 일부는 선반에서 꺼내어 먼지를 털어 내고 싶다고 느낄 수 있지만, 일부는 특별한 기억 상자에 영원히 간직할 보물이라고 느낄지도 모른다. 어린 시절의 꿈과 당신의 관계가 어떻든 간에, 이제는 그 꿈들이 당신에게 어떻게 적합할지를 발견하여 꿈을 통해 무엇을 하고 싶은지 고려해 볼 수 있도록 하는 것이 중요하다.

옷장에 있는 옷들을 살펴볼 때 무슨 일이 일어나는지 생각해 보라(이것은 ADHD를 가진 사람에게 두려운 일이기는 하다!). 당신은 그 모든 헌 옷을 정리해야 한다는 생각에 압도감을 느낄 수도 있다. 어떤 옷은 더 이상 어울리지 않아 실망할 수도 있고, 어떤 옷은 과거의 애정 어린 추억에 대한 향수를 불러일으킬 수도 있다. 또 옷장 뒤에 박혀 있어 완전히 잊고 있었던 또 다른 옷들이 발견되어 당신을 놀라게 할 수도 있다. 좀 더 자세히 보면, 그 옷들이 어떻게 이 순간 당신의 삶에 맞도록 변경되고 새롭게 고쳐질 수 있는지 알 수 있다. 또한 당신은 버릴 준비가 된 옷이 많다는 것을 깨달을 수도 있다. 처음에는 힘든 과정이 될 수도 있겠지만, 발견하고 분류하는 과정이 끝나면 당신은 더욱 가볍고, 자유로우며 편안해질 것이다.

오래된 꿈을 살펴보고 분류하여 옷장을 새롭게 고치는 것과 같은 방식으로 네 개의 정신상자에 넣어 보라.

- 남겨 두지만 변화가 필요함
- 새롭게 고칠 필요가 있음
- 내가 무슨 생각을 하고 있었지?
- 버리고 새롭게 시작함

남겨 두지만 변화가 필요함

어린 시절과 10대 또는 초기 성인기 시절의 환상이나 꿈을 조사해 보면, 종종 시대에 완전히 뒤처져 있다는 것을 발견하게 된다. 어떤 방면에서는 특정 요소가 여전히 적합할 수 있지만, 현재 삶의 단계에 맞게 변화시킬 필요가 있다. 이 상자에는 여전히 당신의 재능과 열정에 맞을 수 있지만 지금의 당신에게 적합하도록 바뀌어야 하는 꿈이 담겨 있다.

마지의 이야기: 타고난 가수

마지는 10대 시절 학교 밴드에서 활동했다. 꽤 좋은 가수였던 그녀는 브로드웨이 스타가 되는 꿈을 꾸기도 했다. 그러나 마흔이 된 지금은 자신이 브로드웨이 스타가 될 수 있는 인생의 단계를 지났다는 사실을 받아들였다. 그녀는 고등학교 이후로 관중 앞에서 노래를 부르지 않았지만, 샤워를 하거나 운전을 하는 동안에는 열정을 담아 큰 목소리로 노래를 부르며 자신이 여전히 '꽤 잘한다'고 비밀스럽게 생각했다.

마지는 ADHD 진단을 받고 약물치료와 온라인 집단을 통해 다른 ADHD를 가진 여성과 소통하기 시작했으며 이후 자신에 대해 더 확신하기 시작했고, 더 만족감을 느끼는 방식에 자신의 시간과 에너지를 우선적으로 사용하기를 원했다.

마지는 어린 시절의 꿈들이 여전히 자신에게 말을 건네고 있다는 것을 깨달았다. 마지는 ADHD 코치와 함께 어린 시절의 꿈을 현재에 맞게 변화시키는 방법을 알아냈다. 마지는 누군가 관중 앞에서 노래하는 것을 볼 때마다 과

거의 꿈이 스스로를 갉아먹도록 내버려 두는 대신에 이전의 꿈과 욕망을 변화된 형태로 실천하기 위해 노력했다. 그녀는 노래 강습을 받기 시작했다. 마침내 그녀는 전국 ADHD 집회에서 열리는 장기자랑 대회에 등록할 용기를 얻었는데, 그곳에는 그녀가 노래를 하는 동안 심지어 목소리가 떨릴 때에도 그녀를 응원하는 매우 지지적인 관중이 있는 곳이었다. 그녀는 관중의 격려에 용기를 얻었고 무대에서 걸어 나갈 때도 활력을 느꼈다.

마침내 마지는 지역의 극단에 합류했고, 이를 통해 그녀가 10대였을 때 사랑하고 꿈꿔 왔던 브로드웨이 쇼의 제작에 참여할 수 있게 되었다.

성찰: 남겨 두지만 변화하라

"나의 오랜 꿈은 그때도 사실이었고 지금도 여전히 사실이다. 그것들은 내가 실제로 가졌거나 가지고 있는 강점이나 재능을 기반으로 하거나, 또는 여전히 어떤 형태로든 내 삶에서 성취되기를 원한다." 이 말이 당신에게 사실처럼 들리는가?

☐ 예.
☐ 아니요.

어린 시절의 비전 중 어떤 부분이 여전히 당신에게 영감을 주는가?

____

____

오늘날 현재 시점에서의 당신 삶에서도 의미가 통하는 비전의 형태는 무엇인가?

____

____

____

____

새롭게 고칠 필요가 있음

우리 꿈의 일부는 현실에 기반을 두기보다는 어떤 방식이든 표현하고 싶었던 핵심적인 성격적 요소를 대표하기도 한다. 따라서 실제 표현되는 꿈의 형태는 크게 문제가 되지 않으며, 꿈의 의미는 여전히 남아 있고 우리가 표현하기를 원한다는 것 자체가 중요하다.

이런 경우라면, 비록 원래의 형태가 진정한 재능이나 욕망에 바탕을 두지 않았더라도 특정한 꿈의 의미가 무엇이었는지 이해할 필요가 있을 것이다 (Solden, 2002). 당신은 결코 현실적이지 않고 직업으로 삼기에는 부족할 정도로 음정과 박자를 맞추는 것이 어려워도 록스타가 되는 꿈을 좋아했을 수 있는데, 그러한 당신의 내면에는 눈에 띄기를 원하고 경청과 존경받기를 원하는 무엇인가가 있을 수 있다. 아마도 당신 안에 여전히 살아 있는 것, 당신에게 핵심으로 남아 있는 것은 스스로를 드러내기 위한 것이거나 당신의 말을 들어 줄 사람들 앞에 있기를 원하는 욕망 그리고 잠재된 능력과 관련된 것일 수 있다. 아마도 당신은 ADHD로 인해 삶을 통제하려고 노력하는 모든 투쟁의 세월 동안 어떤 방식으로든 자유로워지는 것을 갈망했을지도 모른다.

제이미의 이야기: 나는 보여 주고 싶다

실제로 노래를 부르고 싶어 했고 뒷받침할 실력이 있었던 마지와 달리 제이미는 노래를 부르고 싶어 했지만 음치였다. 부주의 우세 표현형의 ADHD 소녀였던 그녀는 끊임없이 생각에 잠겨 있었고 수줍음이 많았다. 그녀는 연기나 노래를 하거나 춤을 추고 싶다고 생각했지만, 성인이 되어 어린 시절을 돌이켜 보니 그것들이 진정한 관심사나 꿈은 아니었다는 것을 깨달았다. 제이미가 항상 진정으로 원했던 것은 보여 주고 들려주고 싶은 것이었다. 그녀의 진정한 꿈은 배경 뒤에 안전하게 숨어 있는 대신에 자신감을 갖고 사람들에게 그녀가 얼마나 똑똑하고 창의적인지 알게 하는 것이었다.

제이미가 진단을 받고 치료사와 작업을 시작했을 때는 20대 중반이었다.

그녀는 큰 상실감을 느꼈고 낙담했으며 불안을 느끼고 있었다. 치료를 시작한 뒤 자신의 어려움을 이해하면서 기분은 나아졌지만, 여전히 어떻게 나아가야 할지에 대한 확신은 없었다. 그녀가 초기 꿈에 대한 탐색을 시작했을 때, 보여 주고 들려주고 싶다는 핵심 의미가 지금도 여전히 살아 있고 그 공상을 실현시키기 원한다는 것을 깨달았다.

그녀는 지지를 받아 에세이를 소리 내어 읽는 연습을 하는 대중 연설 집단에 합류했다. 그녀는 자신감을 얻었고 직장에서도 사람들 앞에서 창의적인 발표를 하기 시작하며 자신의 목소리를 찾아 나갔다. 마침내 그녀는 항상 그래 왔던 것처럼 창의적인 젊은 여성임을 인정받았다.

성찰: 새롭게 고칠 필요가 있음

"나의 오래된 꿈은 환상에 가까웠다. 그것들은 현실적인 목표보다는 나를 흥분시키는 자질이나 경험의 표현이었다. 하지만 그 꿈의 요소들은 여전히 마음을 울리고, 나는 어떤 식으로든 그것들을 더 이해하고 추구할 수 있기를 원한다." 이 말이 당신에게 사실처럼 들리는가?

□ 예.
□ 아니요.

당신의 오래된 꿈은 무엇을 나타내는가? 어떤 주제나 욕망이 두드러지는가?

____

____

본래의 꿈에서 성취하려던 목표를 이루기 위해서 현재의 삶과 초기의 꿈을 잇는 방법을 생각해 볼 수 있는가?

____

____

____

내가 무슨 생각을 하고 있었지

마치 헌 옷 더미를 헤집는 것처럼 우리의 오래된 관심사, 꿈, 목표를 살피다 보면, '와, 내가 이 모든 걸 샀을 때 무슨 생각을 하고 있었지? 전혀 모르겠네. 이제 이것들을 더 이상 좋아하지 않아. 내가 누구인지 전혀 표현해 주지 않잖아!' 하고 생각할지도 모른다. ADHD를 가진 우리 중 다수는 미래에 대해 명확히 떠오르는 그림이 없다고 말한다. 한때 꿈이나 소원이 있었다고 해도 그 생각은 현실적이라기보다 공상에 가까웠다.

아마도 당신은 한 번도 스스로에게 무엇을 원하는지 물어본 적이 없을 수도 있다. 삶의 행로와 ADHD 증상들이 원래 당신이 의도했던 궤도에서 예상치 못한 방향으로 벗어났을 수도 있다. 혹은 당신은 몇 번이나 스스로에게 되묻거나 이것저것 시도해 보아도 특별한 끌림을 느끼지 못한 채 무엇을 원하는지 알아낼 수 없었을 수도 있다. 어쩌면 당신은 스스로 꿈을 가지도록 허락하지 않았을 수도 있고, 삶에서의 다른 요구와 상황에 비추어 볼 때 자신에게는 그럴 만한 자격이나 시간이 없기 때문에 꿈을 꾸는 것이 사치라는 생각을 믿었을지도 모른다.

엘리자의 이야기: 첫 꿈을 꾸는 사람

엘리자는 힘든 삶을 살았다. 진단받지 못한 ADHD가 있었고 할머니 손에서 자라 항상 일을 도와드려야 했다. 그녀는 늘 정리되어 있지 않았고 소지품을 잘 잃어버렸기 때문에 밝은 소녀로 지내는 것이 쉽지 않았다. 또 늘 잠이 부족했기 때문에 학교에서 깨어 있는 것이 어려웠다. 집안의 모든 일을 돌봐야 했을 뿐 아니라 방과 후 일까지 견뎌 내야 했음에도 엘리자는 좋은 성적을 받기로 결심했기 때문에 늦게까지 공부를 하곤 했다.

대부분의 시간에 불안감을 느꼈지만 아무도 그녀가 얼마나 고군분투하며 과로했는지를 알지 못했다. 그녀에게 중요한 것은 할머니를 돕는 것과 자신의 생존뿐이었다. 그녀는 좋은 성적을 받아 선생님과 할머니를 기쁘게 해 드리고 싶었지만, 그녀의 어려움을 이해하고 미래를 꿈꿀 수 있도록 도와주는 사람은 아무도 없었다. 그녀는 고등학교 졸업 후 지역 대학에 입학했지만 결국 가족을 위한 돈을 벌기 위해 중퇴했다. 게다가 읽고 쓰기에 대한 요구는 그녀에겐 지나치게 과중했다.

엘리자는 스스로에게 중요한 질문을 더 이상 하지 않으며 삶을 이어 갔다. 20년 동안 세 명의 자녀와 두 명의 남편 그리고 수많은 지루한 일이 그녀에게 주어졌다. 아들의 주치의가 아이를 ADHD라고 진단하며, 엘리자에게 "아이에게 해당하는 질문 중 몇몇에 대해 생각해 본 적이 있지 않나요?"라고 물었다. 그제야 엘리자는 제대로 된 진단을 받아 ADHD 약물을 복용할 수 있었고, ADHD를 가진 여성에 대한 글을 읽기 시작했으며, 상담사와 함께 오랜 세월 동안 느껴 온 우울감에 대한 작업을 시작하게 되었다.

상담사가 엘리자에게 "엘리자, 무엇을 원해요?"라고 묻자 엘리자는 말문이 막혔다. 그녀는 아무 생각이 없었다. 오랫동안 그녀는 스스로에게 이러한 질문을 던지지 않았다. 이 모든 세월을 견디는 데 지쳐 있을 뿐이었다. 자신이 진정 원했던 것이 무엇인지, 지금 그 질문에 어떻게 대답해야 할지 알 수 없었다. "엘리자, 네가 원하는 것은 뭐지?"

성찰: 내가 무슨 생각을 하고 있었지

"나는 전혀 꿈을 꾸지 않았거나 수많은 꿈을 꾸었지만, 그것들은 끊임없이 변했고 어느 것 하나 제대로 자리 잡은 것이 없었다." 이 말이 당신에게 사실처럼 들리는가?

□ 예.
□ 아니요.

새로운 생각과 경험을 시도해 보기 위해 어떻게 삶의 공간을 확보할 수 있는가?

____

____

____

____

탐색해 보고 싶었으나 그동안 따로 시간과 자원을 확보하지 못해 기회가 없었던 한 가지는 무엇인가?

____

____

버리고 새롭게 시작함

삶이나 경력에 큰 변화가 생긴 후, 당신의 옷장을 살펴보며 '이건 더 이상 나와 어울리지 않아.'라고 생각한 경험이 있는가? 아마도 몇몇 의상은 당신에게 중요하고 기억에 남는 행사를 위해 입었을 것이다. 어떤 사람들에게는 이 옷들이 향수를 불러일으킬 수도 있지만, 현재의 당신은 '다른 버전의 나'라는 것을 알기에 그것들을 놓아주려 한다.

비록 초기의 꿈들을 성취했더라도 이제는 상황이 크게 바뀌었을 수 있기에 완전히 새로운 접근 방식이 필요하다. 보통 이러한 일은 사람들이 은퇴하거나 직업을 바꾸거나 완전히 다른 지역으로 이동할 때 발생한다. 당신은 옷장을 보며, '10년 전엔 훌륭한 옷장이었지, 난 이제 전혀 다른 사람이야.' 또는 '나의 어린아이들과 집에서 지내곤 했지만 지금은 기업의 변호사야.' 또는 '나는 기업 변호사였고 지금은 시골에 사는 예술가야.'라고 생각할지도 모른다.

이처럼 인생의 여러 단계에서 실제로 어린 시절의 꿈을 성취한 자신을 발견할 수도 있지만, 이제는 상황이 바뀌었다. 이것은 배우자의 중대한 질병, 다른 지역으로의 이사, 재혼, 직업 전환, 실직, 출산, 새로운 관심사 등을 통해 발생할 수 있다.

이제 당신은 진단과 치료를 받고 일부 상처가 치유되었기 때문에 ADHD

증상으로 인해 집중할 수 있는 능력이 있는지도 몰랐던 예전과 달리 자신의 새로운 측면을 발전시킬 준비가 되어 있을지도 모른다. 혹은 당신이 누구인지, 이 세상에서 어떤 사람이 될 수 있는지에 대한 고민이 케케묵은 생각으로 바뀌었다는 것도 사실일 수 있다.

로라의 이야기: 새로운 삶을 위한 새로운 꿈

로라는 어렸을 때 항상 교사가 되는 꿈을 꾸었고 실제로 이 꿈을 이루었지만, 몇 년 후 그녀는 새로운 꿈이 필요하다는 것을 깨달았다. 결혼 후 그녀는 직장을 위해 남편과 함께 영국으로 이주해 1년간 머물렀고, 마침내 자신의 주의를 끄는 것이 완전히 다른 곳에 있다는 것을 깨달았다.

기술 분야에 많은 변화가 있었기 때문에 로라는 재교육이 필요했고, 수업을 듣기로 결정했으며, 자신이 이 분야에 타고난 능력이 있음을 발견했다. 귀국 후 집으로 돌아온 그녀는 직업을 바꿔 업무용 웹사이트를 개발하기 시작했다. 물론 그녀의 비서가 고객과 고객 요청 관리에 도움을 주었다. 그녀는 교사로서의 일을 좋아했지만, 학교 시스템이 주는 압박은 끔찍한 긴장감을 지속적으로 느끼게 했다. 이제 그녀는 다른 분야에서 다른 사람들과 함께 일할 준비가 되었다.

성찰: 버리고 새롭게 시작함

"내 인생에 정말 많은 것이 변했다. 한때는 내 모습이었던 것에서 달라졌고, 내 예전 꿈들과도 관련이 없다." 또는 "나는 이미 내가 원하는 만큼 내 꿈들을 이루었다. 이제 다시 시작할 때이다." 이 말이 당신의 것처럼 들리는가?

□ 예.
□ 아니요.

지금까지의 경험이나 기여 중 새로운 것으로 다시 엮고 싶은 더 흥미로운 요소들은 무엇인가?

____

____

____

____

다른 일을 하기 위해 포기한 꿈 중에 돌아가서 다시 발전시키고 싶은 것이 있는가? 있다면 그것들을 탐색해 보고 설명해 보라.

____

____

____

꿈을 깨치는 자 혹은 꿈을 이루는 자

자신의 꿈을 발전시키고 새로운 비전을 구체화할 수 있는 공간과 시간을 확보하는 것은 중요하다. 서서히 선명해지는 폴라로이드 사진처럼 당신도 꿈의 이미지가 선명히 그려질 때까지 기다려야 할 수 있다. 이것은 당신에게 정서적 · 정신적으로 가능성의 세계에서 스스로를 배회할 수 있도록 일정 시간과 공간을 요구할 것이다.

자신과 접촉하고 비전을 수립하기 위한 첫 번째 단계는 당신이 편안하고 안전하게 느끼며 방해받지 않는 조용한 공간을 찾는 것이다. 이 작업을 위해서는 일상에서 벗어나 편안한 마음으로 탐색하고 상상할 수 있어야 하므로, 처음에는 내면의 구상을 시작하는 데 약간의 시간을 들인 연습이 필요하다는 것을 발견할 수도 있다.

이러한 종류의 차분하고 의도적인 산만함(창의성이라고도 알려진!)은 특히 당신이 ADHD 뇌를 세세하게 관리하는 것에 익숙해져 있다면 더욱 낯설거나 불편할 수 있다. 이것은 온전히 자신과 함께하는 시간 속에서 마음이 배회하는 것을 즐길 수 있는 기회이다. '하지만…… 이건 실용적이지 않아…… 나는…… 할 수 없어……. 그런 일은 일어나지 않을 거야…….' 또는 '이것을 위해 어떤 대가를 치러야 하지?'라는 생각에 사로잡히지 않도록 하라. 주의를 산만하도록 내버려 두고 이를 꿈을 위해 사용해 보라!

꿈을 깨치거나 이룰 수 있는 공간 발견하기

ADHD를 가진 여성은 모두 마음을 진정시키고 자유로이 배회할 공간을 찾는 것과 관련해 자신만의 고유한 요구와 선호를 가지고 있다. 아마 그 공간은 당신이 좋아하는 카페이거나 한번 가 보고 싶은 새로운 커피숍일 수도 있다. 어쩌면 집에 있는 양초나 베개, 이불과 같은 소박하지만 풍성한 즐거움을 제공하는 것들로 인해 당신 집 안 구석이나 방이 사적인 휴식처가 될 수도 있다.

혼자 보내는 시간을 지지해 주고 당신에게 자신의 집이나 방을 일종의 개인 휴식처로 제공해 줄 수 있는 친구나 가족이 있는가? 아마도 혼자만의 시간을 가질 수 있도록 기꺼이 숙식을 제공해 주고 각자만의 시간을 보내지만 식사나 간단한 활동은 함께할 수 있는 친구가 있을지도 모른다. 밖에서 보내는 것이 좋다면 공원에 있는 테이블을 찾거나 자연 속에 담요를 깔고 시간을 보내 보라. 만일 여의치 않다면 욕조에서 보내는 시간도 좋다. 중요한 것은 꿈을 꾸는 능력을 일깨울 수 있는 공간을 찾는 것이다.

꿈을 깨치거나 이룰 수 있는 시간 발견하기

어떤 사람들은 공상과 탐색의 시간이 매우 자연스럽다고 느낀다. 그러나 부주의한 특성을 가진 사람들에게는 의도하지 않은 공상으로 인해 이전에 곤경에 빠졌던 경험이 있을 수 있어 약간 위험해 보일 수 있다. 다른 이들에게도 자신을 위한 시간과 공간을 할애하여 공상하는 작업이 어려울 수 있고, 심지어는 매력적으로 느껴지지 않을 수 있다. 당신은 이미 ADHD를 가진 여성으로서의 삶에 지쳐 있거나 단순히 문제 해결을 위해 더 '합리적인' 접근법을 선호할 수 있기 때문이다.

꿈을 꾸는 것에 대해 당신이 어떻게 생각하든 간에 이 활동을 시도해 보는 것은 중요하다. 한 번에 몇 분 정도만 시도해 보라. 그다음 하루에 최대 10분 또는 일주일에 1시간까지 늘려 보라. 혹은 당신은 바로 1~2시간이 필요할 수도 있다! 시간이 없다고 생각하는가? 당신은 샤워를 하면서도 상상하는 연습을 할 수 있다!

ADHD를 가진 사람의 경우에 하루 동안 일어나는 정신적 · 육체적 에너지의 고유한 변동 패턴을 이해하고 가장 집중이 잘 되며 방해를 적게 받는 장소와 시간을 고려하는 것이 필수적이다.

아이디어는 영감을 주는 특별한 책이나 새로운 저널 또는 스케치북이나 당신이 이미 지니고 있는 비전을 회상함으로써 (언제든지) 떠오를 수 있다. 그저 평소보다 조금 더 그런 것들에 오래 멈추어 지켜보라.

성찰: 무엇이 당신을 일깨우는가

여기 당신이 깨친 꿈을 기록하고 수집하기 위한 몇 가지 아이디어가 있다. 그럴듯해 보이는 것이 있는가?

- ☐ 스마트폰의 메모 앱이나 음성녹음 기능을 사용하여 재창조하거나 기반으로 삼고 싶은 아이디어나 경험을 기록해 보라.
- ☐ 흥미를 끄는 물건과 장소를 사진에 담아 보라.
- ☐ 당신에게 영감을 주거나 격려하는 사람과 조직의 소셜 미디어 계정을 팔로우하라.
- ☐ 아이디어나 가능성과 관련된 아이디어, 이미지, 재료로 온라인 게시판을 만들어 보라.

□ 쓰고, 그리며, 콜라주하거나 아이디어, 꿈, 미래 비전의 다양한 면을 묘사할 수 있는 일기를 써 보라.
□ 관심을 불러일으키는 이야기나 이미지가 있는 잡지를 찢어 잘 보이는 곳에 붙여 두라.

연결의 실마리를 따르기

때때로 우리는 회고의 순간이 되어서야 모든 조각을 한데 모아서 볼 수 있다. 일반적으로 우리의 가장 초기 이야기에 훗날의 삶을 잇는 실마리가 있다. 이것은 저자에게도 해당하는 이야기이다. 여기에 오늘날 이 시점에서 우리가 무엇을 하고 어떻게 우리의 이야기를 이해하고 있는지, 삶 전체를 잇는 실마리를 돌아보았을 때에 대한 이야기가 있다.

미셸의 이야기: 어린 시절의 꿈을 직업으로 연결하기

초등학교 3학년 때, 커서 무엇이 되고 싶냐는 질문을 받은 적이 있다. 나는 교사나 작가 또는 피아니스트가 되고 싶다고 말했다. 피아노 연주자라는 뜻의 피아니스트를 반 친구가 뭔가 다른 뜻으로 오해해 놀림을 받았을 때에 나는 몹시 당황했다. 그때 나는 친구들과 이런 생각을 공유하는 것이 바보 같다고 느낀 것은 물론이거니와 스스로도 어리석게 느껴져 생각도 하지 말아야겠다고 느꼈다. 나는 항상 이상한 사람 같았다. 다른 사람들은 간호사와 소방관처럼 '정상적인' 답을 했지만 나는 피아니스트라고 말해야만 했다!

얼마 지나지 않아 피아니스트가 되는 길에 ADHD 증상이 방해되기 시작했다. 나는 꾸준히 연습하려고 애를 썼지만, 배운 것을 통째로 잊기도 했다. 당연하게도 피아노와 피아노 강습들은 내 삶에서 사라졌으며 나는 재빨리 다음 관심사로 넘어갔다.

나는 수년 동안 교사나 작가가 되길 원했다. 어쨌든 선생님들은 나를 좋아했고 책을 통해 좋은 친구들을 사귀었다. 나는 수의사가 되는 것도 생각했다. 동물들은 귀여운 데다가 무조건적으로 수용적이기 때문이다. 그러나 중학교와 고등학교 초반에 이르러 나의 꿈은 무너져 내리기 시작했다.

당시에 나는 ADHD 진단을 받지 못한 상태였으며, 설명할 수 없는 문제에 대한 부적절감, 수치심, 혼란스러움으로 괴로워하고 있었다. 간신히 하루하루를 버텨 내던 시기에 미래의 꿈에 대해 누가 관심이나 가졌겠는가? 나는 운이 좋게도 스스로를 믿지 못할 때 나를 믿어 주던 사람들의 도움과 취미를 접할 수 있었다. 내가 스스로를 온전하고 유능한 사람으로 보도록 도와준 메리와 함께 치료를 시작했다. 나는 다시 꿈을 꾸기 시작했다.

15세 때 내가 심리학자가 될 것이라고 말한 것은 메리 덕분이었다. 결국 나는 스스로에게 증명해야 할 것이 생겼다. ADHD를 가진 여성이 마음 깊이 개인적인 명분을 지닐 때를 세상 모두가 지켜봐야 할 것이다! 대학원을 졸업하는 것은 내가 지금까지 추구해 온 목표 중 가장 크고 의미 있는 것이었다. 그것은 내가 여러 어려움에도 불구하고 스스로를 믿을 수 있다는 것을 배우는 데 도움이 되었다.

예상치 못했으나 크게 감동했던 점은 돌이켜 보면 아동 · 청소년기에 가졌던 수많은 꿈이 여전히 내 곁에 있었고, 이미 오래전에 사라졌고 추구할 만한 가치가 없다고 생각했을 때도 실제로는 간접적인 방식으로 드러났다는 것이다. 지금 내가 하는 일의 일부는 가르치고, 읽고, 대중 연설을 포함하기에 어떤 면에는 실제로 내가 교사가 되었다고 볼 수 있다. 나는 대학에서의 비영리 활동을 사랑했고, 지금은 주의력결핍장애협회(Attention Deficit Disorder Association: ADDA)와 긴밀히 협력하고 있다. 또한 나는 작가이자 심리학자가 되었다.

이 모든 것은 우리가 ADHD를 가진 여성이기에 때때로 인식하지 못한 꿈을 가지고 있다는 것을 말한다. 그래서 우리는 어린 시절의 꿈 중 일부가 이미 실현되었거나 여전히 실현시킬 수 있는 기회가 있다는 것을 인정할 만큼의 충분한 공상을 스스로에게 허락하지 않는다. 나에게 심리학자가 된다는 것은 작가, 교사, 비영리 단체의 행정가, 창작가로서의 삶에서 등을 돌렸다는 것을 의미한다고 생각했다. 나는 가장 큰 꿈을 '다루지' 못하고, 가장 소중하게 여기는 나의 삶과 다양한 면을 이끌어 내지 못할까 봐 두려웠다. 어린 시절의 꿈을 의도적으로 돌아보고 나서야 실제로는 의도하지 않은 채로 그 꿈속으로 곧장 걸어 들어왔다는 것을 깨달았다. 나는 내 꿈이 두려웠고 꿈을 이루기 위한 내 능력을 의심했을지도 모르지만, 그 꿈은 늘 나와 함께였다.

사리의 이야기: 더 많은 것이 변할지라도 본질은 영원하다

가장 오래된 기억 중 하나는 여섯 살 때 장미 정원이 내려다보이는 내 방 탁자에 앉아 정신과 의사가 되어 개를 무서워하는 어린 소녀가 두려움을 극복하도록 돕는 간단한 이야기를 쓰던 것이다. 또한 어린 시절엔 아카데미 시상식을 보며 그러한 성공을 꿈꾸기도 했다. 열 살 무렵에는 거실에서 브로드웨이 음악에 맞춰 춤을 추며 노래하고 역할 연기를 하곤 했다.

돌이켜 보았을 때, 그것들은 나에게 무엇을 의미했을까? 분명 사람들 앞에서나 글을 통해 나를 표현하고 싶은 마음은 늘 있었고, 어려움을 겪는 사람들을 돕고 싶다는 욕구도 항상 있었다. 3학년 음악 수업 시간에 친구들이 노래 대신 말만 하라고 했을 때, 내가 노래를 못한다는 것을 알았다! 그래서 나는 몇 가지 욕구를 새로운 방향으로 돌려야만 했다.

대학에서는 라디오와 TV에 관한 수업을 들었지만 결국 정신건강에 눈을 돌렸고, 나의 아이디어들에 대해 쓰고 사람들 앞에서 말하기 시작했다. 나는 내 비전을 현실에 맞게 계속 다듬어 나가야 했지만 그럴수록 더욱 진정성 있는 방향으로 나아가게 되었다.

발견: 당신의 미래에 대한 초기 아이디어

다음은 초기의 꿈과 미래 비전에서 자주 언급되는 몇 가지의 역할이다. 예전을 떠오르게 하거나 여전히 마음속에 살아 있는 것처럼 마음을 울리는 듯한 것들에 체크해 보라.

- ☐ 록스타
- ☐ 기자, 저자, 작가
- ☐ 대통령, 정부 관료
- ☐ 다큐멘터리 감독
- ☐ 축구스타, 운동선수
- ☐ 교사, 교수, 코치
- ☐ 간호사, 의사, 구급대원
- ☐ 멘토
- ☐ 어머니
- ☐ 음악가
- ☐ 배우, 연기자, 코미디언
- ☐ 상담가
- ☐ 사람, 식물 또는 동물을 돌보는 사람
- ☐ 예술가, 삽화가
- ☐ 화가, 보석 제작자, 도예가
- ☐ 요리사, 제빵사
- ☐ 사서, 서점 점원 또는 주인
- ☐ 건축가, 건설 노동자, 흥미로운 것을 만드는 사람
- ☐ 변호사
- ☐ 세계 여행자
- ☐ 수의사, 사육사, 동물의 동반자
- ☐ 지도자
- ☐ 공인 또는 강연자
- ☐ 기타: ____________________

성찰: 점들을 연결하기

만일 당신이 여전히 아무것도 발견하지 못했다면, 다음의 추가적인 질문들이 원래의 꿈을 기억하고 당신 내부에 아직 살아 있을 수 있는 핵심을 찾는 데 도움이 될 수 있다.

어린 시절의 꿈과 경험 그리고 지금까지의 삶 사이에 연관성의 실마리를 찾을 수 있는가? 그것은 무엇인가?

____

____

____

어쩌면 다른 방식으로는 배우거나 경험하기 어려웠을 수 있었으나 우회로를 통해 얻은 당신이 감사하게 여기는 교훈이나 경험은 무엇인가?

____

____

____

____

____

제시카의 이야기: 호기심이 그녀의 삶을 구하다!

어린 시절의 제시카는 모든 것이 흥미로웠다. 그녀의 부모는 종종 농담조로 제시카에게 말했다. “기억해라, 제시카. 호기심이 고양이를 죽일 수도 있어!” 제시카의 부모는 둘 다 의사였고 밝고 어린 외동딸이 자신들의 발자취를 따를 것이라는 열망을 숨기지 않았다.

그리고 실제로 제시카는 과학에 흥미가 있었다. 그리고 수학, 축구, 드레스 디자인, 친구들, 학급회장에 출마하는 것과 독서에도! 그녀는 많은 꿈을 꾸었다! 그녀는 에이즈 치료제를 발견한 유명한 과학자와 외국의 지진 피해자들을 돕는 사람, 우주 비행사, 최초의 여성 대통령이 되기를 바랐다. 분명히 제시카는 원대한 꿈이 부족하지 않았다! 오히려 꿈을 너무 많이 가지고 있었고 모두 이룰 수 있기를 원했다.

10대 시절의 제시카는 자신이 흥미를 느낀 대부분의 과목에서 뛰어난 성적을 받았지만 실제로 적용하는 것에는 어려움을 보였고, 진단받지 못한 ADHD로 인해 방황했다. 대학을 선택할 때 제시카는 힘든 시간을 보냈다. 그녀는 자신이 무엇을 원하는지 전혀 몰랐고, 결국 탐색하고 결정할 수 있는 시간을 가질 수 있는 리버럴 아츠 칼리지(Liberal arts college)를 선택했다.

ADHD의 운명이 그러하듯이, 제시카는 전공을 고를 때 고군분투했다. 그녀는 왜 한 전공만 골라야 하는지 몰랐고 전공을 여러 번 바꿨다. 그녀가 정말 원했던 것은 그녀의 모든 관심사를 결합한 학제 간 학위를 만드는 것이었다! 그녀는 현지 여성들이 농사를 짓고 공예품을 파는 것과 같은 소규모 사업의 시작을 도우면서 건강 전문가로서 해외 유학을 할 수 있는 독립적인 학습 프로그램을 생각해 냈다. 그녀의 지도교수는 그다지 감명받지 않았다.

제시카는 결국 물리학을 전공하고 사회학을 부전공하여 예정보다 몇 년 늦게 졸업했다. 그녀는 대학원에 갈까 생각했지만 압박감이 너무 컸고, 추구해야 할 흥미로운 것들이 너무 많았다. 다시 한번 그녀는 ADHD로 인한 우유부단함에서 길을 잃었다.

제시카는 시골에서 아이들에게 수학과 과학을 가르치며 1년을 보냈다. 그 후에 그녀는 매트를 만났고, 그의 경력을 위해 전국을 돌아다녔다. 제시카와 매트에게는 두 자녀가 있었고, 제시카는 학교 역사상 가장 창의적인 엄마이자 PTA 회장이 되었다.

아이들이 10대가 되었을 때 제시카는 공허함을 느끼고 다소 우울해하고 분개하는 자신을 발견했다. 정신과 의사와 항우울제에 대해 이야기한 후, ADHD 진단을 받고 관련 약을 처방받게 되자 그녀는 깜짝 놀랐다. 그때 제시카는 치료사와 함께 작업하기 시작했고, 그녀의 삶과 재능의 모든 실마리를 모으기 시작했다. 그녀는 종합심리평가를 받았는데, 그 평가에 따르면 그녀는 주의력에 문제가 있으면서도 매우 똑똑했다! 이를 종종 '양측 예외적(twice exceptional)'이라고 부르며, 이는 ADHD 또는 학습장애와 같은 몇 가지 문제를 가지고 있으면서도 매우 똑똑하거나 영재로 평가된다는 것을 의미한다. 능력과 어려움 사이의 이러한 혼란스러운 격차는 전체적인 그림을 흐리게 만들고, 양측 예외적인 영재들의 정체를 알 수 없도록 하고 오해받도록 만들어 그들이 필요한 도움을 늘 받지 못하도록 한다.

이러한 이해는 제시카 자신과 그녀의 삶에 대한 관점을 바꾸었다. 그녀의 아이들이 대학에 들어갔을 때 그녀도 대학에 들어갔다! 그녀는 자신의 꿈과 재능을 실현할 차례라고 생각했다. 그녀는 공중보건 대학원에 등록했고, 결국 개발도상국의 여성들이 바느질하여 만든 것을 판매하여 자신의 사업을 시작할 수 있도록 돕는 프로그램을 설계하는 데 참여할 수 있게 되었다.

제5장 요약

- 상상하고, 가능성을 즐기고, 선택의 폭을 넓히고, 어린 시절의 옷 입히기 놀이와 같이 새로운 아이디어를 시도하는 연습을 하라.
- 꿈을 다시 깨우고, 포착하고, 바꾸거나, 새롭게 고치는 것은 당신을 앞으로 나아가도록 만드는 매력적인 미래를 제공한다.

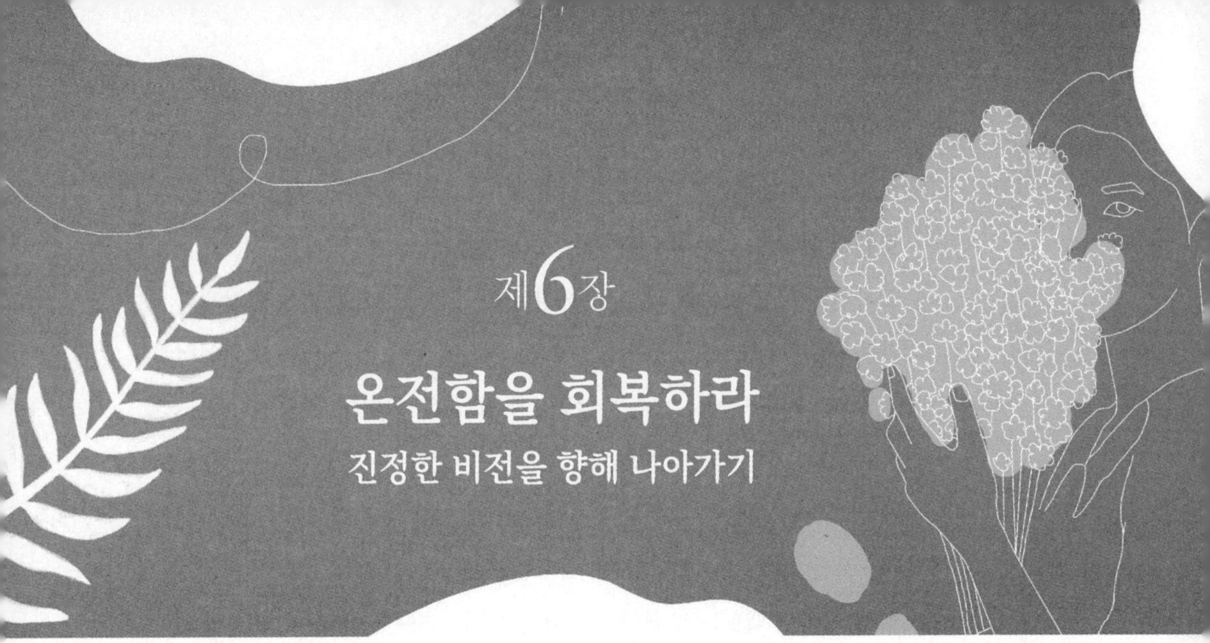

제6장

온전함을 회복하라

진정한 비전을 향해 나아가기

우리는 스스로에 대해 단편적이고 불완전하거나 왜곡된 관점 대신에 전체적이고 복합적인 인간으로 바라보기를 시작할 수 있다. ADHD와의 투쟁을 달콤하게 치장하려는 것은 아니다. ADHD 그 자체가 선물이라고 말하려는 것도 아니다. 이것은 흑과 백, 호와 불호, 모 아니면 도를 말하려는 것이 아니다. 오히려 다음과 같이 말할 수 있다. "모든 인간이 그렇듯이 나를 구성하는 여러 부분이 있다. 나의 다양한 모습은 깔끔한 작은 묶음이나 집약적인 자화상으로 모아 보는 것이 조금 더 어려울 수 있지만, 이제 진단을 받고 이 부분에 대한 조각을 갖게 된 지금은 지난 수년 동안 가려지고 무시되었으며 오해받거나 그냥 지나쳐 왔던 나의 다른 부분들에 대해 이해할 수 있게 되었다."

이 생각을 받아들이기에는 어려울 수도 있다. 우리 자신을 온전히 보기 위한 과정은 시간이 지나면서 펼쳐진다. 일단 우리가 변화에 대한 자연스러운 저항을 인식하고 이해하며 받아들이면, 우리는 앞으로 나아가는 것에 대해 더 차분히 마음먹을 수 있게 된다.

로렌의 사례는 우리 자신을 '전체'로 보기 시작할 때 일어날 수 있는 변화의 좋은 예시이다.

로렌의 이야기: 나는 파티에 가는 것이 싫었다

교사인 로렌은 파티에 가는 것을 경멸했다. 왜냐하면 그녀는 불가피하게 테이블에 부딪히고, 포도주를 엎지르고, 중간에 무슨 말을 했는지 잊어버리고, 음식을 떨어뜨려서, 보통은 당혹감과 함께 절망스러운 부적절감을 느꼈기 때문이다. 이런 일이 발생할 때, 그녀의 뿌리박힌 자연스러운 반응은 과도하게 사과하며 자신을 낮추는 것이었다. 로렌은 다른 사람보다 먼저 자신을 낮춤으로써 스스로를 보호하려는 것처럼 느꼈다.

그러나 이런 태도는 로렌이 강인함을 느끼고 자신감을 보이는 데 도움이 되지 않았기 때문에 궁극적으로 그녀에게 상처가 되었다. 다른 사람들은 로렌에게서 그녀가 스스로에 대해 어떻게 느끼는지에 대한 단서를 얻었고, 이로 인해 농담의 대상이 되었으며, 이것은 그녀의 기분을 더욱 악화시켰다.

ADHD 친화적 치료에서 로렌은 이러한 패턴을 인식하고 새로운 반응 방법을 모색했다. 로렌은 파티 장면을 시각화하여 다음 파티에서 불가피하게 음식을 떨어뜨렸을 때를 상상했고 자동 응답을 재설정하는 것처럼 반응이 준비될 수 있도록 했다. 당연하게도 다음 파티에서 비슷한 일이 일어났을 때, 로렌은 자연스럽게 웃을 수 있었고 음식을 집어 들며 매끄럽게 대화에 참여할 수 있었다. 로렌은 자신과 이야기하는 사람들이 그녀가 떨어뜨리는 어떤 것보다는 교사로서의 그녀의 재능과 아이들과 있을 때 인내심을 가지는 일에 대해 논의하는 것에 더 많은 관심이 있다는 것을 깨달았다!

로렌이 잠시 뒤로 물러서서 제한되어 있던 자신의 이전 내러티브를 재고하고 자신에 대한 전체적인 관점을 취했을 때, 그녀는 더 정확하고 도움이 되는 방식으로 자신을 긍정적으로 바라볼 수 있었다. "저는 어딘가 부딪히고 물건을 떨어뜨립니다. 그리고 사람들이 이것을 알아차리지 못하는 것도 사실입니다. 제가 그들의 자녀 문제를 도와주었기 때문입니다." 스스로에 대한 로렌의 견해는 더욱 온전해졌다.

온전함으로 나아가기

우리 중 대부분의 사람은 자라면서 자신이 똑똑하거나 멍청하거나, 조직적이거나 엉망이거나, 행복하거나 슬프거나, 혹은 착하거나 비열하다고 생각한다. 혹은 오늘 우리가 좋다고 생각했던 것이 내일 아침에는 나쁜 것으로 바뀌었다가 오후에는 다시 좋은 것이라며 생각이 변할 수도 있다. 이와 같이 극단적인 양극화의 관점에서 생각하는 것은 우리를 펄쩍 뛰게 만들고, 의도된 생각과 행동이 아닌 반응의 공간으로 강등시켜 버린다. 이것은 우리가 누구인지에 대한 것과 ADHD를 가진 여성으로서 발생하는 일들에 대해 안착되지 못한 내러티브를 만들게 된다. 그러나 우리는 자신의 이야기를 다시 쓰는 법을 배울 수 있다. 그리고 우리가 직면한 동일시하고 있는 문제들과 우리 자신을 분리할 수 있다(White & Epston, 1990).

치유는 '온전한 상태로의 회복'을 의미한다. 우리는 치유를 위해 광범위하게 다양한 성격적 특성들을 하나의 전체적인 이미지에 담을 수 있어야 한다. 그것은 우리가 더 이상 어려움이나 강점에만 지나치게 집중하지 않는다는 것을 의미한다. 우리는 각자 복잡한 인간이다. 우리 모두 불완전한 존재라는 것을 당신이 기억할 때, 더욱 쉽게 온전한 내러티브로 나아갈 수 있을 것이다.

우리 모두는 관점이 변하고, 기분이 변동하며, 비합리적인 시기와 명료한 시기가 있다. 때때로 우리는 사랑하는 사람에게 소리 지르고 속상해할 때가 있고, 오히려 낯선 사람에게는 무척이나 상냥할 때도 있다. 심지어 우리는 하루 동안에도 시간에 따른 많은 변화를 겪는다. 어떤 특정한 조건에 따라 변동하고 반응하는 ADHD 두뇌로 인해 이러한 복잡성은 더욱 증가한다.

우리가 자신의 한 측면만을 지나치게 강조하고 나머지는 무시하여 흑백 또는 이분법적 사고를 할 때 환원주의에 빠지게 된다. 환원주의는 복잡한 아이디어를 최소화하거나 왜곡할 정도로 단순화하는 관행으로 정의된다. 우리는 말 그대로 지나치게 단순화되거나 과장된 속성으로 우리 자신을 축소하게 되는데, 일반적으로 ADHD 문제에 대해서는 더욱 그러한 경향을 보인다. 완전하고 전체적인 내러티브로 나아가려면 환원주의에서 멀어지고 보다 광범위한 내러티브를 위한 공간을 확보해야 한다. 당신의 관점을 더 많이 포함하도록 개방하는 것은 보다 더 균형 잡힌 관점에서 자신(ADHD 및 모든 것)을 보는 데 도움이 될 것이다.

전체 그림 채우기

당신은 아마도 ADHD에 대한 문제들을 매우 명확하게 볼지도 모른다. 사실 당신은 평생 동안 그것들에 지나치게 집중했을 수도 있다. 그러나 보지 못했거나 접근하기 어려운 곳이 있을 수 있다. 따라서 자신에 대한 그림을 채워보도록 하자. 즉, 자신의 가치와 가치를 반영하는 강점이나 꿈 또는 개인적인 속성에도 동등하게 초점을 맞춰 보자.

성찰: 온전함에 더욱 가까이 다가가기

다음은 ADHD와 함께하는 삶의 다양한 측면을 평가하고 성찰하는 데 도움을 줄 수 있는 몇 가지 추가적인 질문이다. 읽고 생각나는 것을 적어 보라.

강점

당신의 경쟁력 있는 영역은 무엇인가? 자연스럽게 잘하게 되는 것은 무엇인가?

무엇을 다른 사람들에게 가르치거나 기여할 수 있는가?

지난 몇 년 동안 어떤 기술이나 재능을 개발했는가?

ADHD 관련 어려움

가장 문제가 되는 ADHD 증상은 무엇인가?

이러한 어려움으로 인해 일상생활과 앞으로 나아가는 데 직면하게 되는 문제들에 대해 설명해 보라.

약물치료 및 적절한 지원과 도구를 사용하더라도 현실적으로 ADHD가 어떻게 당신의 삶에서 지속해서 나타날 수 있는가?

개인적인 속성

당신을 만드는 것은 무엇인가?

인생의 기복이 있을 때 최선을 다해 대처하는 방법은 무엇인가?

무엇이 당신 안에서 지속되며 차이를 만들어 내는가?

자신에 대해 가장 높이 평가하는 것은 무엇인가?

당신이 책 속 인물이라면 당신 스스로를 어떻게 묘사하겠는가?

당신이 여전히 구현하고 있는 특별한 자질(인내심, 결단력, 유머 감각, 신선한 관점, 끈기, 친절, 감수성, 배려, 연민, 근면, 창의성, 독창성 등)은 무엇인가?

____

____

____

미래를 향한 진정한 길 만들기

우리는 종종 불완전한 그림이나 우리 자신에게 말하는 이야기와 맞지 않는 경험이나 정보를 생략한다. 만일 우리가 어려움만 본다면 새롭고 긍정적인 경험을 추가할 수 있는 곳이 없을 것이다. 또한 긍정적인 경험이 뿌리를 내리고 성장할 여지가 있기 전에 사라질 것이다. 종종 우리는 큰 그림을 놓치고 있다는 사실조차 모른다.

결국 틀 속에 있을 때 사진을 볼 수 없다!

당신 삶에 대한 새로운 이야기와 비전을 가지고 살기 시작하려면 새로운 정보를 받아들일 수 있을 만큼 충분히 오래 멈추고 정지 상태를 유지하는 연습을 하는 것이 중요하다. 억제에 대한 어려움(브레이크를 밟는 것)이 ADHD 뇌가 생각, 반응 및 행동을 늦추는 것을 어렵게 만들기 때문에 이 일시 정지는 ADHD 뇌에 필수적이다. 일시 정지는 핵심 자기가 말하는 것을 들을 수 있을 만큼 충분히 오랫동안 ADHD 마음에서 벗어나는 데 도움이 된다.

제이미의 이야기: 전체 그림

제이미가 직장에서 회의에 가끔 몇 분 늦을 때 그녀는 마음속으로 말했다. '아무것도 제대로 할 수 없어! 나는 무책임하고 나쁜 동료다.' 그녀는 회의 내내 이 마음가짐을 유지했다. 제이미는 걱정에 너무 몰두하여 동료들이 그녀를 판단하여 긍정적인 피드백을 포함한 어떤 정보도 받아들일 수 없을 것이라고 판단했다. 제이미의 동료들이 그녀에게 좋은 피드백을 주었을 때, 그녀는 속으로 "그들은 진심이 아니야. 나는 너무 형편없어서 일을 훌륭하게 하지 못해. 그들은 단지 예의 바른 것뿐이야."라고 생각했다.

지지적인 치료사와 함께 일한 결과 제이미는 자동적이고 부정적인 반응을 바꾸기 시작했다. 그녀는 스스로에게 이렇게 말하기 시작했다. "나는 종종 내 프로젝트에 늦고 계속 일할 수 있지만, 늦는 것이 내 이야기의 전부는 아니야." "그것은 나를 정의하거나 내 아이디어의 질을 정의하지 않아. 때때로 나 자신을 이해하는 데 어려움이 있지만 그것이 내 아이디어가 나쁘다는 것을 의미하지는 않아." 그녀는 이러한 상황에서 실제로 무슨 일이 일어나고 있는지 더 정확하게 알아차리기 시작했다. "사실 내가 좋은 아이디어가 생기면 처음 발표할 때는 완벽하게 이해하지 못해도 대부분의 사람이 대단하다고 생각해. 항상 신선한 시각을 가지고 있어."

제이미는 다른 사람들이 그녀에게 긍정적인 피드백을 줄 때 알아차리기 시작했고 그녀는 더 자신감 있고 개방적으로 느끼기 시작했다. 어려움이 자신의 성공을 인정하는 능력을 빼앗아가는 것을 그만두었을 때 제이미는 실제로 그것을 기반으로 하기 시작했다. 시간이 지나면서 제이미는 자신에 대해 더 완전한 이야기를 할 수 있게 되었다!

개인적인 사명: 가치 기반

우리는 가치의 중요성에 대해 많이 이야기하지만 ADHD를 지원하는 데 도움이 될 수 있는 지침으로 가치를 멈추고 생각하는 경우는 거의 없다. ADHD 두뇌의 밀고 당기기에 시달리는 여성의 경우, 우리가 우리 삶에 대해 원하는 것이 무엇인지 알기 위해 내부 나침반 또는 일부 사람들이 북극성이라고 부르는 것으로 돌아갈 수 있는 것이 중요하다. 마치 우리가 제자리에서 원을 그리며 빙글빙글 돌아가고 있다고 느낀다면, 멈추어서 우리 자신에게 누가, 그리고 무엇이 중요한지를 상기하는 것이 도움이 된다. ADHD 전략으로서 우리의 가치를 염두에 두는 데 도움이 되는 대처카드를 만드는 것이 도움이 될 수 있다.

예를 들어, 여러 방향이나 많은 경쟁적인 생각에 이끌릴 때, 우리는 가장 중요한 것을 선택하도록 안내하기 위해 우리의 가치를 사용할 수 있다. ADHD 관점에서 이것을 분류하고 특정 시간에 가장 중요한 것을 전면에 내세우는 것은 종종 매우 어렵다. 우리의 핵심 가치를 친절하게 상기시켜 주는 우리 내부의 장소를 찾는 것은 주의와 감정 모두에 의해 한 번에 여러 방향으로 끌려갈 때, 많은 ADHD를 가진 여성이 느끼는 압도감과 과부하를 깨뜨릴 수 있다.

예를 들어, 한 번에 많은 사람의 요구에 직면하고, 어떤 것에 먼저 대응해야 할지 혼란스러울 때 다음과 같이 자문할 수 있다. 내 행동의 지침이 될 수 있는 나의 가치는 무엇인가?

□ 친절하고 공감적인 태도
□ 다른 사람들에게 책임감을 가르치는 것
□ 다른 사람들에게 차이의 가치를 가르치는 것
□ 다른 사람들에게 규칙을 따르도록 가르치는 것

우선순위를 사전에 알면 길을 잃거나 진리에서 멀어질 때 참조할 수 있는 판단 기준이 될 것이다. 이것은 ADHD 관점에서, 그리고 의미 있는 삶으로 나아가는 데 도움이 된다. 우리의 내부 나침반을 따름으로써, ADHD 주의 산만성에 교착될 때("오, 저기에 나를 필요로 하는 사람이 있어! 저 방향으로 가겠어." "이봐! 이것은 이벤트에 대한 흥미로운 공지야. 내가 가서 할게!") 우리는 쉽게 우선순위를 혼동하고, 놓치거나 벗어나게 되어 우리에게 가장 중요한 일을 위한 에너지나 자원이 없다. 잠시 멈추면 우리의 사명, 비전, 미래 목표와 더 밀접하게 일치하는 보다 의도적인 결정을 내릴 수 있다.

내면의 나침반은 매일의 간단한 질문의 형태를 취할 수 있다. 내 선택은 내가 가치 있게 여기는 것과 일치하는가? 이 질문은 당신을 중심에 두고 당신이 더 온전하다고 느끼는 미래를 향해 나아가는 데 도움이 될 것이다. 또한 주어진 순간에 ADHD를 관리하기 위해 어떤 방향을 취해야 하는지 결정하는 데도 도움이 될 것이다.

자신의 가치를 알게 되면 자신의 회사를 운영하는 것처럼 개인 사명 선언문을 작성할 수 있다. 결국, 당신은 자신의 삶을 운영하고 있다! 이것은 촉발된 상황에서 가치를 기억하는 데 도움이 되는 메모장(및 ADHD 친화적) 방법이 될 수 있다.

ADHD의 경우 신경계가 공격을 받을 때 범람하거나 압도될 가능성이 높다(Shaw et al., 2014). 대처카드는 당신을 중심에 두고 너무 피곤하거나 압도되어 그 순간의 상황을 생각할 수 없을 때 당신의 가치에서 계속 행동하는 데 도움이 될 수 있다. 예를 들어, 가치와 사명 선언문을 카드에 작성한 다음 책상 근처에 게시하거나 지갑에 넣고 다니거나 휴대전화에 넣어 두어 내면의 나침반을 빠르게 상기하는 역할을 할 수 있다. 다음은 이에 대한 예이다.

> 내 임무는 다른 사람들에게 친절하고 시간을 내서 정중하게 말하는 것이다. 나는 또한 그 대가로 존경을 기대하고 받아들인다. 나는 내가 도움이 될 수 있다고 느끼는 방식으로 다른 사람들을 돕고 싶다. 나는 내가 약한 영역에서 나의 한계를 받아들인다. 나는 친절하지만 방해가 되지 않기를 원한다. 특히 내가 나의 관계에서 차이점을 논의하는 것이 중요하다고 느낄 때, 나는 개방적이고 정직하고 싶다.

성찰: 사명 선언문

진정성을 추구하고 핵심 가치, 강점 및 도전 과제에 따라 행동하도록 안내하려면 다음 질문에 답해 보라. 마지막에는 자신의 사명 선언문을 작성하라.

당신에게 가장 의미 있는 것은 무엇인가?

당신은 무엇을 지지하고 싶은가?

당신은 자신의 삶이 어떠한 모습이기를 원하는가?

당신의 핵심 가치는 무엇인가?

사람들이 당신에 대해 무엇을 알기를 원하는가?

자신의 삶을 돌아볼 때 자신과 자신의 삶에 대해 어떤 말을 하고 싶은가?

이러한 세부 사항을 몇 가지 핵심 사항으로 통합하여 개인 사명을 요약해 보라.

비전 만들기

당신의 삶에 대한 전체적인 그림을, 그리고 당신의 삶에 대한 보다 적응적인 비전으로 나아가기 위해서는 이러한 것들을 반영하는 방식으로 살고 있는 자신을 상상하는 것으로 시작하는 게 도움이 된다. 그 생활 방식이 어떤 모습일지, 어떤 느낌일지 먼저 느끼지 못한다면 더 충만한 미래를 위해 노력하기 어렵다. 당신을 둘러싸고 있는 가능한 지원뿐만 아니라 당신의 강점과 핵심 가치와 같은 다른 부분을 고려하면서 ADHD의 어려움에 대해 현실적인 목록을 정하라.

성찰: 상상하는 연습

이 연습은 자동적 사고와 그에 따른 감정으로부터 약간의 거리를 두기 위해 ADHD 문제를 객관화하는 연습을 하는 데 도움이 된다. 그것은 당신의 개인적인 가치를 구현하고, 당신의 사명을 조율하고, 목적의식을 가지고 세상에 참여하면서, ADHD 문제와 함께 가능한 한 성공적으로 사는 방법에 대해 판단 없이 의도적인 결정을 내리는 데 필요한 공간을 제공한다.
잠시 시간을 내어 깊고 신선한 공기를 들이마시길 몇 번 해 보라. 바로 이 순간까지, 그리고 그 이후로 하루를 보내면서 가능한 한 현재에 충실하라. 눈을 감고 지금으로부터 1년, 5년 또는 10년 후에 깨어나는 자신을 상상해 보라. 이 시나리오를 상상할 때 최대한 많은 세부 사항과 감각적 경험을 시각화하라. 당신의 호기심을 이끌기 위해 다음 질문을 고려하라. 이미지가 떠오를 때 일시 정지하여 기록하거나, 일부를 기록(write down)하거나, 시각화에 몰두한 후에 이미지로 돌아가라.

주변에서 가장 먼저 보는 것은 무엇인가?

깨어났을 때 기분이 어떠한가?

당신의 하루는 어떻게 전개되는가?

하루 중 어떤 부분이 기분이 좋고 진정성이 느껴지는가?

어떤 부분이 답답하거나 불편한가?

당신의 행동은 오늘 하루 동안 당신의 가치와 사명을 어떻게 반영하는가?

하루 일과를 하는 자신을 계속 상상하면서, ADHD 증상이 나타나는 순간이나 혹은 다른 개인 또는 대인관계 장벽에 직면하는 자신을 상상해 보라. 이러한 순간을 만날 때 자신이 기분 좋은 방식으로 성장하고 변화한 사람이라고 상상해 보라.
앞의 시나리오에서 당신의 어떤 부분이 자랑스러운가? 어떤 강점이 당신을 강화하는가?

하루를 완전하고 만족스럽게 마무리하는 모습을 상상하면서 비전을 마무리하라. 어떤 마무리 심상이나 성찰이 떠오르는가?

당신이 더 큰 그림을 고려하기 위해 뒤로 물러설 수 있을 때, 자기 자신의 진실들에 대한 모든 것을 더 쉽게 목격할 수 있을 것이다. 예를 들어, 만약 당신이 사람들의 생일을 잊어버리는 경향이 있는 사람이라면, 자신을 끔찍한 사람이고 끔찍한 친구라고 생각하는 대신, 당신은 지난 몇 년 동안 많은 친구를 행복하게 만든 놀랍고 의미 있는 선물을 고르는 재주가 있는 자상한 사람이라는 것을 기억하기 위해 한 걸음 물러설 수 있을 것이다. 다른 사람에 대한 감사와 배려는 개인적인 가치의 일부일 수 있으며, 이러한 가치를 실천하는 것은 비전통적인 방식으로 수행하더라도 개인적인 사명의 일부일 수 있다.

당신이 당신의 전체 모습을 볼 때, 자신이 끔찍한 사람이나 끔찍한 친구라는 것이 실제로 사실이 아님을 깨닫게 된다. 그러나 ADHD로 인한 주의력 결핍의 행동적 징후인 건망증이 생길 수 있다는 것은 사실이다. 건망증은 도전이며, 수년에 걸쳐 많은 결과를 가져왔을 것이다. 이것은 단순한 진실이다. 그러나 그것은 완전한 진실이 아니며 분명히 당신의 성격, 능력 또는 세상에 기여하는 능력과 관련이 없다. 다른 많은 것도 사실이며 똑같이 그렇다. 여기에 관점을 바꿀 수 있는 기회가 있다.

알고 보니 변화는 어렵다

스포일러 경고! 이 완전함과 빛나는 과정이 실제로 재미있을 수 있다고 생각하기 시작하자마자 갑자기 다른 결정을 내릴 수도 있음을 경고하고 싶다! ADHD와 함께 성공적으로 살아가는 이 모든 일을 하는 새로운 방법을 보기 직전에 있는 것처럼, 당신은 놀랍게도 자신이 멈춘 것을 발견하거나 당신의 길을 멈추게 하는 강한 느낌과 마주하게 될 것이다.

어떤 여성들은 "하지만 난 못해!"라는 지점에 이르면 어지러움을 느낀다고 한다. 쇼핑몰에 가서 압도적인 옵션을 발견하고 가능성과 아름다움에 눈이 멀 때와 비슷하다. 전체 경험이 너무 개방적이거나, 너무 낯설거나, 과도하거나 과소하게 자극되거나, 심지어 불가능하다고 느낄 수 있다. 이유를 모른 채 '내가 농담하는 거지?'와 같은 자동적인 생각으로 돌아갈 수도 있다. 또는 '이런! 더 나은 것을 믿는 함정'에 거의 빠지게 된다.

그런 일을 할 수 없을 것이라는 두려움, 자신의 능력에 대한 의심, 아직 가질 수 없는 것이 너무 많은데도 꿈과 희망을 갖게 하는 것에 대한 갈등, 너무 크게 생각하거나 너무 많이 바꾸면 자신이나 다른 사람들을 실망시킬 것이라는 잔소리 등과 같은 어떤 장벽이 자신의 내면에 생길 것인가 예상하는 경우는 도움이 된다.

ADHD를 가진 여성과 함께 일할 때 치료사로서 가장 힘든 점 중 하나는 그들이 얼마나 쉽게 자신을 낮추고, 자신에 대한 싹트고 있는 믿음을 닫고, 좋고 완전하다고 느끼는 삶을 창조할 수 있는 능력을 신뢰하기를 두려워하는지 목격하는 것이다. 반면에 ADHD를 가진 여성과 함께 일할 때 가장 좋은 점 중 하나는 그들이 멋진 것을 보고 다시 믿기 시작할 때 그들이 얼마나 강하고, 회복력 있고, 용감하고, 결단력이 있는지 목격하는 것이다.

자신의 저항을 인식하기

사실 이것에 대해 약간의 불안을 느끼지 않는다면 상상을 하는 게 아니다! 미지의 새로운 길을 시작하는 것은 언제나 두려운 일이다. 우리가 오래된 상처를 열면 어느 정도 치유되었다 하더라도 특정 장소와 조건에서 여전히 오래된 상처를 경험하는 경우가 많다. 우리가 오래된 상처를 겪고 있다는 사실을 아는 것이 우리의 전진을 멈추라는 그들의 강력한 명령에 응답하지 않고 상처가 존재하도록 하는 열쇠이다.

저항은 다양한 방식으로 나타난다. 어떤 사람들에게는 불안이나 두려움으로 경험된다. 다른 사람들에게 그것은 성가심, 좌절감, 또는 다르게 일을 하도록 상기시키거나 격려하는 내부적인 밀어내기와 더 비슷하다. 또 다른 사람들에게는 저항이 능동적인 움직임을 방해하는 슬픔, 상실감, 무력감으로 나타날 수 있다. 저항은 우리가 새로운 상황이나 자극에 직면할 때 자동으로 작동하는 뿌리 깊은 무의식적 보호 메커니즘이 될 수 있기 때문에 종종 우리를 방심하게 한다.

미셸의 이야기: 저항의 벽에 부딪히다

사리와 내가 이 책을 쓰기 시작했을 때 나는 설렘과 희망과 결단력으로 가득 차 있었다. 처음에는 이 일을 할 수 있다는 자신감이 생겼다. 그러나 꽤 빨리 나는 마비되었다. 내 ADHD 두뇌는 조직적 압도 과정을 극복하고 돌파하기 위해 고군분투했을 뿐만 아니라 불안과 자기회의가 계속되는 것 같았다.

나는 이 책이 내가 처음 믿었던 것처럼 좋은 아이디어인지 궁금해지기 시작했다. 나는 내가 쓸 수 있는 것의 대부분을 싫어하기 시작했고, 결국 이 책이 마음에 들지 않을까 걱정했다. 답답하고 의심스러웠다. 나는 심지어 사리에게 내가 일종의 숨은 강박증인 고군분투하기 시작했다는 것을 말하고 싶지 않다는 것을 발견했다. 이것은 불과 일주일 전에 나의 흥분에서 꽤 빠른 전환으로 보였다. 나는 생각했지만 이것에 대해서만큼은 자신 있었다. 맞나? 근데 왜 말이 안 나오지? 그래서 나는 ADHD를 가진 여성들이 흔히 하는 일을 했다. 나는 그것을 극복하기 위해 더 열심히 싸웠다. 나는 모든 ADHD 지원 전략을 시도했고 일하기에 완벽한 환경을 만들었다. 그리고 여전히 나는 꼼짝하지 못했다.

내가 사리와 마주 앉아 빈 화면을 바라보며 눈을 깜박이는 내 시간에 대해 의논했을 때, 내가 이 도약을 하는 데 더 투명하게 나 자신을 밖에 내놓는 것에 대한 어떤 저항을 경험하고 있음이 분명해졌다. 내 진단으로 모든 사람이 읽을 수 있는 책을 쓰는 심리학자가 되는 것은 취약하다. 그리고 내가 말하는 것뿐만 아니라 걷는 것에 대한 책임감을 갖는 것도 취약하다.

당신과 마찬가지로 ADHD는 여전히 내 길을 가로막고, 나 역시 내 여정에서 오랫동안 도움이 되지 않았던 오래된 의심과 두려움을 가지고 있다. 아이러니하게도 이 장을 쓰는 동안 나는 내가 쓰려고 했던 바로 그 저항과 두려움 때문에 현혹되고 있었다!

때때로 저항의 감정은 명백하고 설득력이 있지만, 다른 때에는 그것이 당신의 허점을 찌른다. 하지만 이러한 종류의 내적 장벽이 인식되면 의도적이고, 권한 있는 선택에 대한 더 큰 믿음과 헌신으로 자리를 내주기 시작한다. 좌절감과 불편함을 감수하는 저항의 경험은 풍부한 정보원이다. 최선의 삶을 살기 위해 의도적이고, 의도적인 변화를 꾀하거나 계산된 위험을 감수하는 것과 관련하여 내부 정지 신호는 실제로 "가라!"를 의미할 수 있다.

발견: 당신의 저항의 이름은 무엇인가

내면의 저항을 어떻게 경험하는가? 다음은 더 밝게 빛나기 위한 여정에서 내면의 장벽이나 장애물에 대한 일반적인 경험의 몇 가지 예이다. 저항이 발생할 때 더 쉽게 식별할 수 있도록 자신과 관련된 항목을 모두 확인하라.

나를 위해 세상에서 나 자신을 확장하는 데 대한 내적 저항은 다음과 같이 나타난다.

□ 불안, 얼어붙은 느낌, 회피
□ 짜증, 성가심, 좌절
□ 장애를 최대화하고 내 능력을 최소화하기
□ 자기회의, 자기비판에서 즉시 "나는 할 수 없다." 또는 "해서는 안 된다."로 넘어가기
□ 포기하기, 고립하기, 부끄러움, 숨기, 그것이 중요하지 않다고 자신에게 설득하기
□ 일을 미루고 '나는 언제' 또는 '만약 ______________ 그러면' 생각하기
□ 다른 사람, 특정 상황 또는 특정 자극을 비판하거나 무시하기
□ 현재 상태를 유지하고 완전히 참여하는 데 어려움
□ '나는 할 수 없다'는 백만 가지 이유 생각하기
□ 슬픔, 상실, 과거에 대한 집착하기
□ 불안이나 취약성에 대한 강렬한 감정
□ 자기보호감, 철수, 은밀해짐 또는 숨기기
□ 기타: ____

사랑이나 성공 같은 일에도 항상 원했던 것을 눈앞에 둔다는 것은 두려운 일이다. 당신은 주변에서 모든 것이 무너질 것 같은 두려움을 느낄 수도 있다. 앞으로 나아가는 것에 저항감이 들 때 스스로 알아차리도록 하라. 그 순간, 그 느낌은 성장이 필요한 곳을 인식하는 데 도움이 되는 정보이다.

물론 일이 잘 풀릴 것이라는 또 다른 가능성이 있다. 종이와 혼돈 속에 묻혀 있던 자신의 일부를 발견할 수도 있다. 검색을 시작하기 위해 옷장 문을 여는 것이 두려울 수 있다. 당신은 '그것'을 찾는 것을 두려워할 수도 있고 찾지 않는 것을 두려워할 수도 있다.

기본 설정을 재설정하기

자동으로 시작되는 컴퓨터의 사전 프로그래밍된 설정과 마찬가지로 우리 모두는 행동적 및 감정적인 기본값을 가지고 있다. 이러한 행동과 감정이 자동으로 작동한다는 것을 알지 못한다면 우리는 다르게 반응하지 않을 것이다. 그렇기 때문에 우리는 자신의 감정 시스템 선호도에 들어가 우리에게 유리하게 작동하도록 이러한 자동 기본 반응을 재조정해야 한다.

그러한 자동 반응은 종종 삶과 자신에 대한 새로운 비전을 고려하는 것을 저항하게 만든다. 이것은 특히 우리의 ADHD 두뇌에 혼란을 준다. 우리는 더 매력적인 미래 또는 우리 자신에 대한 더 완전한 그림을 향해 나아갈 준비가 되었다고 느끼면서도 동시에 후퇴하고 있다고 느낀다.

사리의 이야기: 사전 설정 환경

내 컴퓨터에 미리 설정된 기본 설정이 있다는 것을 발견한 날을 기억한다. 변경 방법을 몰랐을 뿐만 아니라 그것이 작동 중인지도 몰랐다! 컴퓨터 내부에서 무슨 일이 일어나고 있는지 조사할 수 있을 만큼 무언가가 나를 괴롭히고 나서야 비로소 내가 어느 정도 통제할 수 있다는 것을 깨달았다. 내 시스템 기본 설정으로 이동하여 이러한 기본값을 재설정해서 내 진정한 욕망, 내가 원하는 결과에 더 잘 부합하도록 할 수 있다. 결정할 수 있었다! 컴퓨터를 마음대로 제어할 수 없었고 다른 현실의 제약 속에서 일해야 했지만, 이전에 알고 있던 것보다 훨씬 더 많은 통제력과 선택권이 있었다.

발견: 변화와 ADHD

다음은 많은 여성이 고수하고 있다고 가정하는 몇 가지 일반적인 기본 원칙이다. 당신이 당신의 삶에 변화를 일으키려고 한다고 상상해 보라. 또는 방금 실수를 한 ADHD 순간을 경험하고 당황스럽고 당황스러워한다고 상상해 보라.

가장 일반적인 가정이나 그러한 가정과 유사한 가정을 확인해 보라. 그리고 재구성 작업을 하고 싶은 항목에 체크하라(즉, 컴퓨터에서와 같이 자신의 감정 시스템 기본 설정으로 이동하여 변경하라!).

□ 나는 결코 다르게 행동하거나 긍정적인 변화를 지속할 수 없을 것이다.
□ 어려운 ADHD 증상 때문에 부끄럽다.
□ 예전에 다른 사람에게 마음을 열어 본 적이 있는데 결국 오해와 판단을 받은 것 같다. 뭐하러 그러는가?
□ 한 번도 안 먹혔다. 이번엔 뭐가 달라질까?
□ 지속적으로 혹은 끝까지 하지 못할 것이다.
□ 나는 이것이 야기할 압도감을 견딜 수 없을 것이다.
□ 평소대로 2주 후에 포기할 것이다.
□ 내가 그렇게 좋은 걸 상상하게 하다니 미쳤나 보다.
□ 도움이 필요하지 않다. 혼자서 다 헤쳐 나가야 한다.
□ 일이 쉽게 풀리지 않거나 실수한다면 그냥 포기해야 한다.
□ 일이 잘못되면 내 잘못이다.
□ 내가 누구인지에 대해 사과해야 한다.
□ 이럴 줄 알았다. 이래서 시도하려고 하지 않는 것이다.
□ 내가 배운 전략을 사용했다면, 아마도 이러한 상태에 있지 않을 것이다. 하지만 분명한 것은 ADHD를 가진 것이 나쁘다.
□ ADHD는 핑계일 뿐이다. 내가 진짜 문제라는 걸 알고 있다.

성찰: 어떤 기본값을 재설정하겠는가

세 가지 현재 기본 설정의 묘사를 스케치하거나 기록하라.

그 대신 갖고 싶은 기본 설정을 적어 두거나 스케치하라.

자신이 누구인지, 자신이 무엇을 소중히 여기는지, 자신의 가치를 기억할 때 (비록 고유한 어려움에도 불구하고) 자신을 존중하는 곳에서 소통할 수 있다. 당신은 다음과 같은 사실을 기억할 수 있을 것이다. “나에게는 이러한 강점과 도전 과제가 있으며, 나는 그 이상이다. 나는 이 모든 것 이상이다.” 가장 큰 ADHD 코치 훈련 기관인 ADDCA의 설립자인 데이비드 기워크(David Giwerc)는 그의 저서 『참자기의 허용(Permission to Proceed)』에서 다음과 같이 말한다.

> 당신이 당신 자신과 진실한 사람, 당신의 마음의 정신과 열정과 일치하는 소중한 가치에 주의를 기울이는 자연적인 자아로 나아가도록 허락할 때 당신은 변혁적인 선택을 하게 된다. 진행 권한을 부여하는 것만으로도 가능성의 세계를 상상하고 강력하고 새로운 현실을 창조하는 길에 들어서게 된다(2011, 241).

제6장 요약

- 여성으로서 자신이 누구인지, 진정한 핵심 자기감이 어디로 가고 싶은지 발견하면 삶과 관계에 대해 보다 만족스러운 선택을 하는 길을 걷게 된다.
- 저항은 불가피하며 수용하고 해결해야 할 것이다. 의심, 두려움, 상실이 이런 종류의 변화에 대한 자연스러운 반응이라는 것을 받아들일 수 있을 때 다시 희망을 가질 수 있다.
- 당신은 두려움을 갖고 변화 과정에 대한 내적 장벽을 경험할 수 있으며 여전히 더 밝게 빛나기 시작할 수 있다.

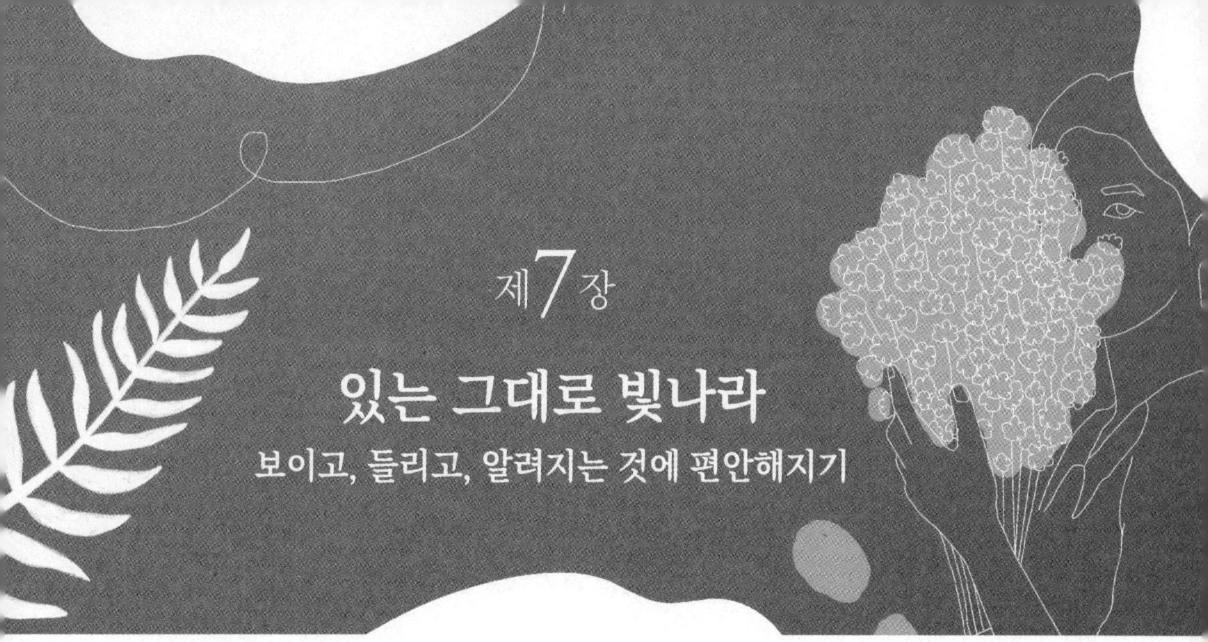

제7장

있는 그대로 빛나라

보이고, 들리고, 알려지는 것에 편안해지기

이 장에서 우리는 당신이 독특한 재능, 성격 및 관심사를 드러내기 위해 작은 조치를 취함으로써 당신의 강점을 드러내고 빛날 수 있도록 좀 더 편안하게 되기를 바란다. 당신은 성장하고, 더 많은 공간을 확보하고, 더 큰 삶을 창조하도록 격려받을 것이다. 목표는 차이(difference)에 직면하여 다시 작아지려는 충동에 맞서 작업하는 것이다. 제6장에서 확인하고 탐색한 비전에 도달하기 위해 안락지대의 가장자리를 부드럽게 밀어내는 방법을 배우게 될 것이다.

'빛나다'라는 단어를 사용할 때 우리는 반드시 또는 구체적으로 수행을 이야기하거나 장을 주도하거나, 혹은 특별한 성취를 이야기하는 게 아니다. 물론 그것이 당신이 원하는 것이고 준비되었다면, 그것을 위해 가라! 그러나 우리의 요점은 당신이 전문적이거나 전통적인 분야에서 빛나는 것을 생각할 필요가 없다는 것이다. 그 대신 당신의 삶에서 더 많은 공간을 차지한다는 의미로 생각해 보라. 당신의 말이나 행동을 통해 자신을 확장하고 권리가 있다고 느끼면서 자신을 더 눈에 띄고, 의미 있고, 동등하게 만드는 것을 상상해 보아라. 당신은 보이고, 이해받고, 알려질 자격이 있다. 심지어 당신은 ADHD의 순간, 시련 및 고난 속에서도 인생의 주인공 역할을 할 만한 가치와 능력이 있다.

확장하기

ADHD를 가진 여성은 다른 사람과 마찬가지로 훌륭하고 가치가 있다. 하지만 종종 '보다 작다'고 느끼며 결과적으로 삶에서 뒤로 물러난다. 여정의 이 시점에서 이 새로운 관점과 깊은 작업을 통해 자신을 축소하는 대신 확장할 수 있는 매우 다양한 상황이 있음을 발견하길 바란다.

ADHD를 가진 여성을 위한 독립 선언문

ADHD를 가진 여성으로서 우리는 어려움과 차이점 때문에 취약할 수 있는 권리가 있다. 비록 우리에게 도전이 있더라도 그것 때문에 충만한 삶, 평등한 관계, 의미와 열정의 추구에 대한 권리를 박탈당하지 않는다는 것을 인식해야 한다.

미국 건국 문서인 독립 선언문은 우리 각자가 타고난 권리인 일련의 자유를 부여받았다고 선언한다. 다음은 억압적인 생각과 패턴으로부터 우리에게 자유를 주는 권리를 밝히는 ADHD를 가진 여성을 위한 독립 선언문 버전이다(http://www.newharbinger.com/32617에서 사본을 인쇄할 수 있다). 자주 볼 수 있는 곳에 게시하여 계속해서 메시지를 이해하고 해당 권리에 따라 행동할 수 있도록 하라.

ADHD를 가진 여성을 위한 독립 선언문

- 문제가 있더라도 연결될 권리
- 어려움이 있더라도 자신의 재능을 추구할 권리
- 의견 차이가 있더라도 말하고, 자신의 생각을 밝히고, 알릴 권리
- 도전이 있더라도 자신의 희망과 꿈을 주장하고 추구할 권리

- 어려움이 있더라도 시간을 갖고 스스로 공간을 만들 권리
- 자신이 불완전하더라도 수치심을 느끼지 않고 존중받을 권리
- 당신이 강점이 있더라도 도움을 요청할 권리

관계 확장하기

당신에게는 어려움이 있더라도 연결될 권리가 있다.

ADHD를 가진 여성으로서 당신은 관계에서 뒤로 물러나거나, 힘을 포기하거나, 연결을 끊고 피하는 법을 배웠던 많은 경험이 있을 것이다. 당신의 힘을 철회하거나 넘겨주지 않고 연결 내에서 확장하고 당신을 지탱하는 관계를 공급할 때이다. 당신은 연결과 친밀감을 가질 권리가 있다.

ADHD를 가진 많은 여성은 친구 및 대가족과의 접촉과 친밀함을 유지하는 데 어려움을 경험한다. ADHD를 가진 여성은 관계 유지가 어렵다. 이는 일대일, 대면 접촉만큼 자극적이지 않고 매력적이지 않은 일관된 행동이 포함되며, 이러한 행동에는 종종 강력한 실행 기능 기술이 필요하기 때문이다. 당신이 이런 경우라면 다른 사람들에게 깊은 관심을 갖고 있을 가능성이 높지만, 당신의 친구와 가족은 ADHD 증상이나 관련 행동을 당신이 관계에 헌신하지 않는다는 의미로 잘못 해석할 수 있다. "생일 축하해."라고 말하는 것을 잊어버리거나, 전화로 주의가 산만해지거나, 문자 메시지나 전화에 일주일 늦게 응답하는 것은 자주 오해받는 이러한 행동의 몇 가지 예에 불과하다.

당신은 비일관된 연락으로 인해 다른 사람들을 실망시키거나 오해받는 기분이 들어서 친구나 대가족과의 친밀함에서 멀어지는 것을 발견할 수 있다. 일반적으로 뒤따르는 불안과 회피는 상황을 더 높은 수준의 대인관계 교착상태 또는 고립으로 이끌 수 있다. 이러한 불안과 수치심 때문에 한때 좋아했던 사람들과 거리를 두거나, 심지어 적극적으로 피하는 자신을 발견할 수도

있다. ADHD로 시작된 것이 어떻게 관계 문제로 바뀔 수 있는지 쉽게 알 수 있다.

당신을 동등한 사람으로 평가하는 사람들과 더 깊고 의미 있는 관계로 확장하려면 위험을 무릅쓰고 그들, 특히 수치심과 두려움 때문에 피했던 사람들에게 다가가야 한다. 그것은 당신이 숨고, 가장하고, 고립되려는 습관과 반대되는 행동을 하기 위해 용기를 이용하는 것을 의미할 수 있다. 일부 사람들이 이해하기가 어려울 수 있는 문제가 있더라도 연결할 자격이 있다. 또한 당신은 그러한 어려움의 순간에도 존중받을 권리가 있다.

성찰: 관계 확장하기

당신은 어려움이 있더라도 연결할 권리가 있다.

당신의 이 어려운 부분을 어떻게 억제해 왔는가?

____

____

____

____

이번 주에 어떻게 연결을 확장할 수 있는가?

____

____

____

____

강점 확장하기

어려움이 있더라도 재능을 추구할 권리가 있다.

당신은 오랫동안 재능이나 관심을 발전시키거나 보여 주는 것에서 물러났을 수 있으며, 비판받을 것이라고 느끼거나, 끝까지 할 수 없거나, 혹은 결국 다른 사람을 실망시킬 거라 느꼈을지도 모른다.

자신의 재능을 보여 주거나 관심을 확대하기 위한 조치를 취하는 것을 고려할 때, 너무 많은 일을 '하지 않은' 상태로 남겨 두는 것에 대해 죄책감이 생기는 것을 알 수 있다. 또 다른 일반적인 두려움은 이런 식으로 자신을 드러내면 실패, 비판, 자신이나 다른 사람을 실망시키는 일에 너무 노출될 수 있다는 것이다.

다른 사람들이 당신을 판단하거나 자신의 자기비판을 강화할까 봐 걱정할 수도 있다. 당신은 아마도 주목받는 것에 주저할지도 모른다. 다른 사람이 말하기를, "당신이 항상 늦는데, 지금은 시간을 내서 지역 연극 공연에 도전하고 싶은가?" 또는 "당신이 응답 전화를 할 수 없지만, 새로운 요가 수업에 대해 소셜 미디어에 게시했는가?"라는 말을 할까 두려워할지도 모른다.

자신의 강점을 밝히고 자신이 잘하고 열정적인 것을 강조하기 위해 행동을 취하는 것은 내부든 외부든, 현실이든 상상이든 이러한 두려움과 목소리에 맞서는 위험을 감수하는 것과 관련이 있다. 당신은 ADHD 증상으로 어려움을 겪고 있더라도 자신의 강점을 공유하고 주변 세계에 기여할 권리가 있다.

성찰: 강점 확장하기

당신은 어려움이 있더라도 재능을 추구할 권리가 있다.

당신의 이 재능 부분을 어떻게 억제해 왔는가?

____

____

____

____

이번 주에 어떻게 자신의 강점과 재능을 확장할 수 있는가?

____

____

____

____

목소리 확장하기

당신이 차이점을 가지고 있을지라도, 말하고, 당신의 생각을 밝히고, 알려질 권리가 있다.

자신을 알리기 위해서는 목소리를 높이는 것이 중요하다. 다른 사람들이 당신을 알아 가는 데 필요한 취약성에 호소하는 것은 당연히 어렵다. 이러한 종류의 확장에는 위험을 감수하고 자신의 필요를 말하고, 주목받고 알려지며, 차이점에 직면하여 자신이 누구인지 더 많이 드러내는 말을 하는 것이 포함된다. 자신이 이룬 것, 창조한 것, 생각한 것, 바랐던 것, 꿈꾸는 것, 자신의 의견, 바람, 특이한 점 등을 드러내는 것을 의미할 수 있다.

우리는 이것이 모든 사람에게 항상 모든 것을 알려야 한다는 의미는 아님을 분명히 하고 싶다. 헨젤과 그레텔 우화에서처럼 여기저기 작은 조각들을 보여 주고, 빵 부스러기의 단서를 남기는 것을 의미하며, 결국 사람들을 당신에게로 이끌지도 모른다.

이러한 확장 방식은 자신의 다양한 부분을 누구에게 알려야 하는지에 대해 생각하고, 선택하고, 결정하는 것이 요구된다. 당신은 ADHD의 어려움이 있더라도 목소리를 낼 권리가 있다.

홀리의 이야기: 자신의 강점을 소유하기

30대 중반의 홀리는 대학 친구들과 일 년에 몇 번씩 모임을 갖는다. 현재 그녀의 친구들은 모두 결혼을 하거나 아이를 낳았다. 그래서 다른 사람들이 최근 모임에서 결혼식, 집, 출산에 대해 이야기하는 동안 홀리는 조용히 있었다. 그녀의 인생은 분명히 다른 방향으로 가고 있었다. 그녀의 ADHD 때문만이 아니라 그녀가 그녀의 분야에서 비범한 수준의 성공을 거두었기 때문이다.

홀리는 정보를 나누는 것을 자제했을 뿐만 아니라 친구들도 그녀의 삶에 대해 묻지 않았다. 그녀는 다른 사람들이 그녀의 삶에 대한 질문을 멀리하고 있다는 인상을 받았다. 마치 그녀를 난처하게 만들고 싶지 않다고 느끼는 것처럼 다른 사람들이 그녀의 삶에 대한 질문을 피하고 있다는 인상을 받았다. 아이러니하게도 홀리는 그룹에서 가장 전문적으로 성취한 사람이 됐다. 그녀는 과학 분야에서 대학원 학위를 받았고 알츠하이머병 치료제를 찾기 위해 자금을 지원받은 흥미진진한 연구팀의 일원이었다.

홀리는 이것을 어떻게 처리할지 고민했다. 그녀는 자신의 일에 대한 정보를 자원해서 이야기해야 하는가? 그녀는 그들의 말을 선의적으로 경청하면서 유쾌한 대화를 나누며 시간을 보내야 하는가?

홀리는 이러한 상황의 차이에 대한 자신의 민감성이 자신의 ADHD나 어려움에 관한 것이 아님을 깨달았다. 왜냐하면, 사실 그것은 그녀의 강점에 관한 것이었다! 사실은 홀리가 그녀의 선택에 만족했다는 것이다.

자신을 다시 방정식에 집어넣은 방식으로 어떻게 의사소통을 해야 할지 확신이 서지 않는 순간은 바로 자신의 차이점과 충족되지 않은 성 역할 기대에 직면했을 때이다. 그녀가 남들보다 잘나 보이거나 잘난 척하는 것에 대해 내면화했던 사회적 성 역할 금기 사항도 작용하고 있었다.

홀리는 자신의 차이점에 대해 목소리를 낼 수 있는 자신의 힘에 더 확신했을 때, 다음번에 이 친구들과 함께 있을 때 자신이 소중히 여기는 삶을 밝히고 알려질 권리를 주장하기로 결정했다. 그녀는 관계를 끊지 않았고 물러서지 않았다. 홀리는 차이점을 최소화하거나 변호하는 대신 차이점에 대한 아이디어에 직접 접근하여 친구들이 이해하도록 도왔다. 그녀는 "나는 아이를 갖고 싶지 않다는 점에서 다르다는 것을 알아주었으면 해. 내 유산은 내 일에 관한 것이야. 이것은 나에게 매우 흥미로운 일이야. 내가 하고 있는 일에 대해 이야기하고 싶어!"

성찰: 목소리 확장하기

당신은 차이가 있더라도 말하고, 당신의 생각을 밝히고, 알려질 권리가 있다.

당신의 이 부분을 어떻게 억제해 왔는가?

____

____

____

____

이번 주에 당신의 목소리 사용을 확장할 수 있는 방법을 적어 보라.

____

____

____

____

꿈 확장하기

당신은 어려움이 있더라도 희망과 꿈을 주장하고 추구할 권리가 있다.

당신의 어려움 때문에 당신이 꿈을 꿀 자격이 없다는 이유로 꿈을 포기해야 하는 것처럼 느낄지도 모른다. 이것은 당신에게 많은 갈망, 동경, 고통 및 슬픔을 유발할 수 있다. 이루지 못한 꿈을 후회할 뿐만 아니라 일종의 조직적 연옥에 처하게 되어 영원히 종이 더미와 상자, 풀리지 않은 작업을 겪을 운명을 타고난 부류에 속한다고 느낄 수도 있다. 당신은 영원한 강제 노동을 선고받고 모든 사람이 공유하는 타고난 권리, 즉 모든 어려움과 인간적 결함, 또는 무질서에도 불구하고 희망과 꿈을 가질 권리를 박탈당했다고 느낄 수 있다. ADHD는 평생의 투쟁이기 때문에 당신의 삶을 보류할 수 없다. 그 대신 다른 어려움의 영역에서 천천히 개선하는 동안 희망과 꿈에 대한 권리를 주장할 수 있다.

이러한 종류의 확장에는 많은 부분이 아직 정리되지 않았거나 미완성 상태로 남아 있음에도 불구하고, 목적과 의미가 있는 삶을 구상하고 나아가는 위험을 감수하는 것이 포함된다. 희망과 꿈에 대한 권리를 주장한다는 것은 당신이 창조하거나 구상한 것을 확대하고 가시화하는 것을 의미한다.

성찰: 꿈 확장하기

당신은 어려움이 있더라도 희망과 꿈을 주장하고 추구할 권리가 있다.

당신의 이 부분을 어떻게 억제해 왔는가?

이번 주에 어떻게 당신의 꿈을 확장할 수 있는가?

개인적인 공간 확장하기

당신은 어려움이 있더라도 시간을 할애하고 자신을 위한 공간을 만들 권리가 있다.

우리는 당신이 다른 사람들의 필요가 다 채워질 때까지 기다리지 말고 자신의 삶을 확장하고 향상시키도록 권장한다. 여기에는 ADHD 문제를 덮기 위해 과로하는 대신 자기관리, 휴식 및 즐거움을 위한 시간을 갖는 것이 포함된다. 고갈은 팽창의 반대이다.

이러한 의미에서 확장한다는 것은 반사적으로 다른 모든 사람의 필요를 앞세우거나 자신의 필요를 대신하는 대신, 때때로 자신과 자신의 필요(건강!)를 먼저 생각할 권리가 있음을 의미한다. 빈 컵으로는 따를 수 없다는 것을 기억하라! 온전히 재미를 위해 게임을 할 수 있는 시간을 허용하라. 최소한, 자신의 할 일 목록에서 자신을 빼고 계획하지 말라는 의미이다!

이러한 종류의 확장에는 실제 방에서 대인관계는 물론 자신의 내부에서 더 많은 공간을 요구하고 차지하는 것이 포함된다. 자신을 위한 공간을 스스로 차지할 수 있는 권리를 허용할 때, 당신은 세상에서 자신의 가치와 가치가 있는 위치를 주장하는 것이다. 당신은 어려움에도 불구하고 이러한 것에 자격이 있다.

엠버의 이야기: 자신의 공간을 차지하기

엠버는 몇 달 동안 그녀의 여자 친구 미란다의 아파트에서 매주 주말을 보냈다. 관계는 아름답게 진행되고 있었지만, ADHD가 약간의 성가심을 만들고 있었다.

주말에 미란다에게 간다는 것은 하룻밤 가방을 싸고 미리 몇 가지 물류 단계를 계획하는 것을 의미했다. 집에서 그녀의 일상으로 돌아가는 전환은 엠버가 적응할 수 없는 예측 가능한 장애물을 제시했다. 작은 것이 큰 장애물이 되었다.

거의 주말마다 엠버는 물건을 싸는 것을 잊었다. 약을 집에 두고 온 주말, 칫솔을 잊어버린 주말, 컴퓨터 충전기를 잊어버린 주말 등이 계속되었다. 엠버는 미란다의 집을 떠나기 위해 짐을 꾸릴 때마다 계속해서 다시 꾸릴 필요가 없는 몇 가지 물건을 남겨 두고 싶어 은밀히 갈망했다. 두 사람은 이미 엠버의 집 임대 기간이 만료되면 이사하기로 동의했지만 미란다의 집에 몇 가지 물건을 남겨 달라고 요청하기 직전에 백만 개의 의심과 질문이 올라오자 그녀는 회피했다.

"그녀가 내 어수선한 것을 귀찮게 생각한다면? 내가 너무 자신감이 있거나 편안해 보이면 어떻게 하지? 공간을 너무 많이 차지하면 어떻게 되지?"

엠버는 두려움과 자신의 경계를 늦추고 편안함을 주는 것에 내적 저항을 느꼈다. 그녀는 문자 그대로, 그리고 비유적으로 공간을 차지하는 것을 두려워했으며, 그녀가 파트너에게 사랑받고 받아들여지는 존재라는 징후에도 불구하고, 자신에 대한 판단과 거부를 예상했다. 엠버는 종종 누군가가 그녀를 무조건적으로 수용해 주고 그녀의 ADHD 문제에 대한 오래된 이야기를 지속하지 않는다는 사실이 좋게 느껴졌다고 인정했다.

치료에서 이 어려운 문제를 처리하고 용기를 주는 친구와 시간을 보낸 후, 엠버는 자신이 진정으로 원하고 필요로 하는 것에 대해 더 명확하게 생각하기 시작했다. 그녀는 일기를 썼고, 진정한 욕망을 주장하는 데 그녀의 오래된 두려움과 장벽이 촉발될 때마다 휴대폰에 메모를 하기도 했다. 그녀는 미란다가 그녀를 진정으로 사랑하고 받아들였다는 신호에 주의를 기울였으며 오랫동안 기억하기 위해 그 신호도 녹음했다. 최악의 두려움을 확인하는 대신, 엠버는 미란다가 그녀가 더 적은 공간이 아닌 더 많은 공간을 차지하기를 원한다는 증거를 점점 더 많이 보았다! 엠버는 이러한 두려움과 오래된 이야기 이면에서 자신이 소중한 파트너이며 동등한 공간을 가질 자격이 있음을 실제로 강하게 느꼈음을 깨달았다.

엠버는 자신이 원하고 필요로 하는 것이 무엇인지 더 명확해지면 정말로 알고 싶어 하는 핵심에 접근할 수 있는 간단하고 직접적인 방법을 결정했다. 어느 날 밤 저녁 식사를 하며 엠버는 이렇게 말했다. "샴푸와 칫솔과 같은 몇 가지 물건을 여기에 두고 싶어. 그것에 대해 어떻게 생각해?" 엠버는 요청을 연장하거나 이에 대해 이야기하지 않았고, 단순히 그녀가 가장 알고 싶은 것이 무엇인지 물었다. 미란다는 장난기 가득한 미소로 화답해 "물론이지! 나는 당신이 여기에 있고…… 그리고 편안히 쉬기를 원해!" 엠버는 문제의 핵심으로 가는 길을 찾았고 단 한 가지 질문으로 환경과 관계 내에서 자신의 공간을 차지했다.

성찰: 개인 공간 확장하기

당신은 어려움이 있더라도 시간을 할애하고 자신을 위한 공간을 만들 권리가 있다.

당신의 이 부분을 어떻게 억제해 왔는가?

이번 주에 어떻게 개인 공간을 확장할 수 있는가?

자신의 가치 확장하기

당신은 비록 불완전하더라도 부끄럽지 않게 살 권리가 있고 존중받을 권리가 있다.

당신은 자신의 가치를 받아들여야 한다. 어려움이 있더라도 존중받을 권리를 잃는 것은 아니다.

당신은 해로운 도움을 받지 않을 권리가 있다. 해로운 도움이란 해로운 비판과 함께 도움을 주려는 지원이나 시도를 의미한다. 예를 하나 들면, 친구가 집에서 방 정리를 돕고는 즉시 "어떻게 이렇게 살 수 있니?"라고 말할 수 있다. 해로운 도움은 전혀 도움이 되지 않는다.

누군가가 당신을 돕기 위해 많은 일을 했다고 해도 당신은 실망, 좌절 또는 분노를 표현할 권리가 있다. 당신과 다른 사람들은 정중하게 감정이나 불만을 표현할 수 있다. 당신이 ADHD를 가지고 있다고 해서 다른 사람에게 빚진 것이 아니다.

이런 종류의 확장에는 도움이 필요하더라도 감정을 표현하는 위험을 감수하는 것이 포함된다. 당신은 비록 불완전하더라도 수치심의 제한 없이 살 권리와 존경심을 가지고 대우받을 권리가 있다.

성찰: 자신의 가치 확장하기

당신은 불완전하더라도 부끄럽지 않게 살 권리가 있고 존중받을 권리가 있다.

당신의 이 부분을 어떻게 억제해 왔는가?

이번 주에 어떻게 자신의 가치를 확장할 수 있는가?

지지 확장하기

당신에게는 강점이 있더라도 도움을 요청할 권리가 있다.

당신이 ADHD를 가진 많은 여성과 같다면, 당신은 '정상'으로 너무 잘 행동해서 당신이 어려움을 숨기고 있음을 사람들이 깨닫지 못할 수 있다. 또한 이 경우 자신의 강점을 활용하고 어려움을 보상하는 방식으로 인생을 설정했을 가능성도 있다. 이것은 가식이 아니다. 이것은 당신이 번성하고 성공할 수 있는 상황을 만들거나 그러한 환경에 있을 때 만들어진다. 그 뒤의 혼란이나 노력과 보상은 본인만 알기 때문에 사기꾼처럼 느껴질 수도 있다.

이것을 기억하는 것이 중요하다. 당신은 이러한 상황에서 사기꾼이 아니다. 당신은 자신의 강점을 사용할 방법을 찾은 사람이다. 그것은 진짜이다. 당신은 당신의 진정한 강점을 보는 사람을 속이는 것이 아니다. 강점과 어려움의 양면을 모두 가지고 있어야 한다. 어느 쪽도 당신을 정의하거나 다른 부분을 취소하지 않는다. 당신은 어떤 분야에서는 똑똑하고 재능 있고 성공할 수 있지만, 여전히 어려움을 겪고 필요할 때 도움을 요청할 수 있다.

이러한 종류의 확장에는 사람들이 당신이 어려움을 겪고 있다는 사실을 모르지라도, 당신이 필요로 하는 것을 요구하기 위해 위험을 감수하는 것이 포함된다. 당신이 강점을 가지고 있고 신경 전형적인(neurotypical) 사람으로 여겨질 수 있더라도, 당신은 여전히 도움과 지원을 요청할 권리가 있다.

성찰: 지지 확대하기

당신은 강점이 있더라도, 도움을 요청할 권리가 있다.

당신의 이 부분을 어떻게 억제해 왔는가?

____

____

____

____

이번 주에 어떻게 지원 시스템을 확장할 수 있는가?

____

____

____

____

디딤돌: 안락지대의 가장자리 식별하기

안락지대(comfort zone)의 개념은 대부분의 사람이 스스로 쉽게 식별할 수 있는 것이다. 그것에 대해 생각하는 한 가지 방법은 사물이 친숙하고 편안하고 환경의 요구를 쉽게 충족할 수 있고, 낮은 수준의 스트레스를 경험할 수 있는 내부 상태이다.

당신은 변화를 만들거나 자신을 확장하기 위해 새로운 행동을 취할 때 침착하고 통제할 수 있다는 느낌이 좋은 장소처럼 들린다고 생각할 수 있다. 스트레스를 받지 않는 게 좋은가? 음, 어느 정도까지는 그렇다. 물론이다. 심리학자 다니엘 골드먼(Daniel Goleman)은 이렇게 말했다.

요구 사항이 너무 커서 처리할 수 없을 때, 압박감이 우리를 압도할 때, 너무 적은 시간이나 지원으로 처리할 수 없을 때 우리는 나쁜 스트레스의 영역에 들어간다. 수행 곡선의 최상단에 있는 최적의 영역 바로 너머에는 뇌가 너무 많은 스트레스 호르몬을 분비하는 티핑 포인트가 있으며, 이는 잘 일하고, 배우고, 혁신하고, 듣고, 그리고 효과적으로 계획하는 우리의 능력을 방해하기 시작한다(2012).

달콤한 장소를 찾아서

새로운 일을 하기 위한 '최적의 수행 영역'(White, 2009)을 찾는 비결은 적절한 스트레스의 양과 종류를 찾는 것이다. 이것은 당신이 과부하되지는 않지만 충분히 자극받지도 않은 상태이다. 집을 태우지 않고 불을 붙이고 불씨를 계속 태울 수 있는 장소를 찾으라! 또는 작가이자 연설가인 닐 도널드 월쉬(Neale Donald Walsch, 2012)가 말했듯이, "인생은 당신의 안락지대의 끝에서 시작된다".

당신이 어느 정도의 스트레스에 기대도록 초대받고 있다는 것을 주목하라. 그것을 회피하지 말라. 심리학자 에이브러햄 매슬로(Abraham Maslow)는 "사람은 안전으로 돌아가거나 성장을 향해 전진하는 것을 선택할 수 있다. 성장은 계속해서 선택되어야 하고, 두려움은 계속해서 극복되어야 한다."라고 말했다. 개인의 성장은 편안한 공간에서 나타나는 것이 아니다. 창조는 지저분하고, 불편함은 태어날 가치가 있는 모든 것을 동반한다. 당신이 이것을 기억할 때, 당신은 미래의 자신감과 성공을 쌓기 위한 내부 비계를 세우고 있을 것이다.

당신의 안락지대(comfort zone)를 넘어서 확장하기 위해서는 용기와 연습이 필요하다. 그것은 그냥 일어나는 것이 아니다. 당신은 그것을 위해 노력해야 한다. 때로는 두 발짝 움직이다가 단지 한 발 뒤로 물러나게 된다. 이것이 변화가 일어나는 방법이다. '전부 아니면 전무'의 이분법적 사고의 함정에 빠지는 대신, 자주 탈선하고 패배하더라도 모든 가능성을 버리지 않고 스트레스를 최적의 수준으로 끌어올릴 수 있는 대안을 만들어 낼 수 있다.

당신은 유능하다

안락지대에서 벗어나려면 내면의 유능감이 필요하다. 자신에게 일어나는 경험을 자신이 통제할 수 없고 다른 사람과 환경의 손에 있다고 인식하는 대신, 개인적인 힘을 되찾고 다음에 일어날 일에 영향을 미칠 수 있음을 인식하라. 이것을 내적 통제의 소재를 개발하는 것이라 부른다. 당신의 선택이 중요하다!

연구에 따르면 내적 통제의 소재가 더 큰 사람들은 일반적으로 자신에 대해 더 잘 느끼고, 더 능동적이며, 역경에 더 효과적으로 대처하고, 불안과 우울증을 덜 경험한다. 그러나 문제는 통제의 내적 소재 대 외적 소재에 대한 감각이 매일의 성공 또는 실패 경험에 따라 쉽게 변할 수 있다는 것이다(Ryon & Gleason, 2014). ADHD를 가진 사람으로서, 당신은 당신이 생각하는 많은 잘못된 시작을 경험했을 것이다. 결과적으로, 목표를 위해 취하는 단계가 중요하지 않거나 변화를 가지고 오지 않을 것이라고 믿게 되었을 수 있다. 당신이 만들고자 하는 변화를 당신이 통제할 수 있는 의도적인 선택으로 보는 법을 배우면 점차 성장과 확장을 향해 뻗어 나가는 것이 더 쉬워질 것이다. 이것은 당신을 새로운 성공 경험으로 이끄는 작은 결정을 내린 결과이다.

제나의 이야기: 작게 시작하여 크게 되기

제나는 보다 확장된 자신에 대한 비전의 중요한 부분이 요가에 더 많이 참여하는 것임을 알고 있었다. 그녀의 비전은 일종의 요가 커뮤니티나 훈련 프로그램에 참여하는 것이었다.

제나는 자신이 상상했던 바로 그 휴양지를 찾았을 때 매우 흥분했다. 하지만 잠시 후 그녀는 두려움과 불편함이 시작되는 것을 깨닫고 깜짝 놀랐다. 같은 생각을 가진 사람들과 전문 트레이너의 커뮤니티와 함께 세계의 아름다운 지역에서 요가 수련회를 꿈꾸던 실제 경험을 발견했으나, 등록할 시간이 되었을 때 자신이 원하는 대로 되지 않음을 알게 되었다. 그것은 그녀에게 의미가 없었다.

풀어 가는 과정의 결과로서 제나는 이러한 무기력의 어떤 부분이 ADHD의 결과이고, 어떤 부분이 자신의 안락지대에서 벗어나는 것에 대한 불안에서 비롯된 것인지 알아낼 수 있었다. 또한 그녀는 자신의 기본값(default position)에 빠지기 시작한 때를 인식할 수 있었다. 그녀는 앞으로 전속력으로 뛰지 않은 것에 대해 스스로를 질책했다.

제나는 자신에게 가혹한 행동을 함으로써 스스로에게 동기를 부여하지 않을 것임을 깨달았다. 제나는 자신의 꿈을 실현하는 데 적극적으로 참여할 수 있음을 기억했다. 머리부터 먼저 뛰어드는 대신, 그녀는 자신의 안락지대에서 작고 간단한 푸시로 시작할 수 있다. 그녀는 즉시 완전히 뛰어들 필요가 없었다.

제나는 너무 세게 밀어붙이는 대신, 목표를 향해 조금씩 움직여야 한다고 결정했다. 그녀는 지역 요가 워크숍을 찾아 친구에게 등록에 대한 부드러운 알림을 문자로 보내 달라고 요청했다.

제나의 친구가 약속한 대로 그녀에게 문자를 보냈지만 제나는 여전히 가입이라는 최종 조치를 취하는 것을 거부했다. 제나는 혼자서 이 일을 하기에는 너무 불안하다는 것을 깨달았다. 하지만 제나는 포기하는 대신, 친구가 와서 정신적인 지지와 컴퓨터 앞에 앉아 함께해 주기를 요청했다. 마지막으로, 그녀의 불안을 가라앉히는 이 추가적인 정서적 지원으로 제나는 계속해서 워크숍에 등록했다. ADHD의 관점에서 친구가 올 수 있도록 준비하는 것은 '이동' 버튼(훌륭한 ADHD 전략) 역할을 하여 이 조치를 취하는 데 필요한 실제 시간과 에너지를 생성한다.

지역 워크숍에서 성공적인 경험을 한 후 제나는 요가와 동일한 방법으로 진행 중인 수업에 등록하는 것이 편안하다고 느꼈다. 그녀는 결국 제나가 원래 발견한 교외 휴양지에 참석하기를 원하는 동급생과 친해졌다. 이듬해에 다시 워크숍이 열렸을 때 제나의 안락지대의 가장자리는 더욱 넓어졌고, 바로 그 자리에서 그녀가 주저 없이 등록하고 참석할 수 있었다.

빛을 발하는 길을 찾거나, 보이고, 이해받고, 알려질 기회를 만나고, 비전과 새로운 이야기를 성취할 수 있는 경험을 접할 때, 불편함과 저항을 느끼는 자신을 발견할 수 있다. 그렇다면 메모해 두자. 불편함을 겪는다는 것은 당신이 안락지대의 가장자리에 있다는 것을 의미할 수 있으며, 계속 부드럽게 탐색한다면 저항을 뚫고 새롭고 흥미로운 영역으로 들어갈 수 있다.

안락지대의 가장자리로 이동하면서 망설임과 불안이 지속된다는 것을 알게 된다면, 한 걸음 물러서서 더 작은 것을 시도해야 한다는 신호일 수 있다. 해야 할 모든 일을 생각하는 대신 목표를 향해 다음 단계로 가장 작은 단계를 밟는다는 관점에서 생각하라. 여전히 압도되거나 혼란스럽다면 더 작은 단계로 나누라.

요점은 완전히 후퇴하거나 포기하거나 너무 큰 단계로 밀어 넣지 않는 것이다. 제나와 마찬가지로 새로운 위험을 감수할 때 앞으로 나아갈 시간과 조치를 선택하는 데 도움이 되는 인적 지원이 필요할 수 있다.

당신의 가장자리 찾기

어느 순간, 당신의 안락지대와 당신의 시야가 서서히 겹치기 시작할 것이다. 시간이 걸릴 것이다. 가장 작은 다음 단계를 계속 밟고 원하는 방향으로 계속 나아가면 성공할 수 있다!

성찰: 당신의 안락지대

비전의 방향으로 이동하는 데 도움이 되도록 안락지대의 가장자리에서 어떤 단계를 식별할 수 있는가?

____

____

____

____

ADHD 전용 안락지대

비전을 위해 안락지대를 늘려야 하는 것과 마찬가지로 ADHD에 특화된 상황에서 안락지대를 확대하기를 원하거나 확장해야 할 수도 있다.

예를 들어, 당신의 목표는 ADHD에 대해 더 많이 배우고 정서적 지원과 실용적인 전략을 얻는 것일 수 있다. 이 상황에서 웹 세미나를 볼 수 있을 만큼 편안하지만 코치나 주최자에게 연락할 준비가 되지 않았을 수 있다. 반면에 지역 지지 집단에 가거나 코치에게 연락할 준비가 되었다고 느낄 수도 있다. 어느 시점에서 당신은 다른 도시에서 열리는 전국 ADHD 회의에 가는 더 위험한 행동을 취할 준비가 되었다고 느낄지도 모른다.

발견: ADHD 안락지대의 한계를 향해 나아가기

다음은 ADHD를 가진 여성이 종종 자신의 ADHD 안락지대의 가장자리로 이동하기 위해 도전하기를 원하는 방법과 위치에 대한 예이다. 당신에게 반향을 일으키는 것을 확인하라.

□ 직장에서 숙박을 요청하기

☐ 집에서 변경 요청하기
☐ 진단을 공개하지 않고 다른 사람들에게 ADHD의 필요를 주장하기
☐ 사랑하는 사람에게 ADHD에 대해 더 많이 배우도록 요청하기
☐ 나 자신을 위한 시간을 우선시하고 그 약속을 지키기
☐ 새로운 것을 시도하고 이전보다 조금 더 오래 유지하기
☐ 새로운 사람들을 만나고, 지지 집단에 참여하기
☐ 전화 걸기
☐ 연락 끊긴 후 우정을 다시 쌓기
☐ 학교로 돌아가서 자격증 따고 즐겁게 수업 듣기
☐ 사랑하는 사람들과 나 자신을 주장하기
☐ ADHD 도움 및 교육에 더 많이 참여하기
☐ 다른 ADHD를 가진 여성을 돕기
☐ ADHD 조직 또는 인식 이벤트를 돕기 위한 자원봉사하기

성찰: 당신의 가장자리는 어디에 있는가

ADHD를 가진 당신의 삶에서, 당신은 어디에서 새로운 시도를 하고 싶은지 기술하라. 당신은 당신의 안락지대 안에서 어떤 종류의 행동을 하는가?

____

____

____

____

당신은 그곳에서 당신 자신과 다른 사람들과 어떻게 느끼고 교류하는가?

____

____

____

____

당신은 이번 주에 어떤 단계를 밟을 준비가 되었는가?

____

____

____

____

보이고, 들리고, 알려지기 위한 여정에서 앞으로 나아가면서 어려움이 있더라도 스스로 주장할 수 있는 일곱 가지 권리를 제시하는 ADHD를 가진 여성을 위한 독립 선언문을 지속적으로 참조하고 적극적으로 참여할 수 있다. 당신은 더 큰 삶을 창조하는 과정에 있다. 당신은 그것을 주장할 권리가 있다!

제7장 요약

- 당신의 자기감, 당신의 삶 그리고 당신의 관계를 확장하는 데 편안해지기 위해서, 비록 어려움이 있더라도 당신에게 권리가 있다는 것을 기억하라.
- 당신은 어려움이 있더라도 가치가 있다. 그리고 당신은 강점이 있더라도 도움을 요청할 수 있다.
- 비록 그것이 당신의 꿈을 향해 천천히, 작은 걸음으로 가는 것을 의미할지라도, 당신 자신을 확장하고 권리를 주장하는 것에 편안해지라.

제3부

더 과감하게

"인생은 옷깃을 잡고 다음과 같이 말하는 것을 좋아한다.
'나'는 너와 함께 있어. 가자."

—마야 안젤루(Maya Angelou)

이 책의 제3부는 ADHD를 가진 여성으로서 열정과 의지를 가지고 우리의 삶에 한 걸음 더 다가가기 위한 조치를 취하는 데 중점을 둔다. 안젤루가 말했듯이, 인생은 우리의 적극적인 참여가 필요하고 가치가 있다. 우리의 독특하고 복잡한 삶에 기꺼이 의지하는 태도와 경험에 대해 열린 마음을 기울이는 것은 삶을 풍부하고 진정한 삶으로 이끈다.

ADHD를 가진 여성들의 전 생애를 위한 방정식의 일부가 되어야 하는 데 추가적인 중요한 고려 사항이 있다. 진실은 우리에게 더 많은 시간, 노력, 지원 및 탄력성이 삶에 더 적극적으로 기대고 참여할 수 있는 공간을 만드는 데 필요하다는 것이다. 이를 수행하는 데 더 많은 작업이 필요하지만, 결과는 우리가 해야 하기 때문에 당연하게 여기거나 우연에 의존할 수 없다는 것이다.

그것은 우리가 우연히 발생하지 않는 완전하고 열린 삶을 살고 선택할 수 있는 큰 가능성이 있음을 의미한다. 우리가 그것을 달성하는 것은 모든 어려운 단계에서 그것을 요구하고 얻었기 때문이다! 그것을 소유하고, 통합하고, 그것에 대해 자부심을 느낄 때 우리는 삶의 어려운 시기에 이 회복력을 부를 수 있다. 아이러니하게도 그 노력은 얼마나 큰 안정감을 줄 수 있는가?

무엇을 기다리고 있는가? 앞으로 가라, 과감하게!

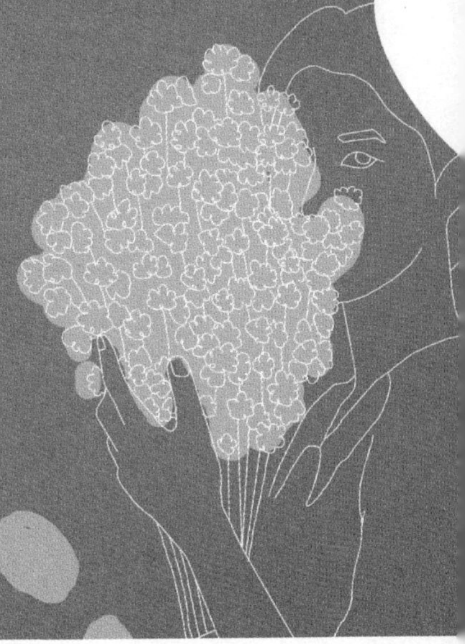

제8장

중앙 무대를 차지하라

주의를 끌기

ADHD를 가진 여성으로서 대담한 삶을 영위하는 것은 점점 더 눈에 띄게 되고, 더 강한 목소리로 말하고, 다른 사람들의 관심을 끌고 유지하는 것을 포함한다. 그렇게 함으로써 당신은 자신감과 명료함으로 가득 찬 풍부하고 진정한 삶으로 더 완전히 들어갈 수 있게 된다. 이제 우리는 자신의 삶의 중앙 무대에서 점점 더 살아가는 방법을 탐색한다.

중앙 무대 차지하기

처음에는 '중앙 무대에 서다.'라는 문장을 읽는 것이 불편할 수 있다. 자만하거나 자기중심적인 사람으로 비칠까 걱정되어 이 말을 큰 소리로 말하는 것이 어색할 수 있다. 당신의 즉각적인 반응이 무엇이든, 그것을 알아차리고 침착하게 받아들여라. 우리 중 많은 사람은 우리가 주의를 끌 수 있고 동시에 겸손하고 연결되어 있으며 받아들여질 수 있다는 생각에 익숙해질 시간이 필요하다.

중앙 무대에 선다는 것은 자기애적이거나 모든 것이 당신을 중심으로 돌아가야 한다는 것을 의미하지 않는다. 그것은 당신을 적절하고 평등하게 유지하고 상호 관계에 참여하는 방식으로 행동하는 것을 의미한다. 과시하는 것이 아니라 삶에 완전하고 평등하게 참여하는 것이다.

중앙 무대는 당신에게 많은 것을 나타내거나 당신의 특정 목표, 필요 및 꿈에 따라 다양한 형태를 취할 수 있다. 이것은 다양한 상황을 다룰 수 있다. 다음은 몇 가지 예이다.

- 자신의 필요와 욕구로 더 많은 사람을 '더 성가시게' 하고 다른 사람들을 수용하는 정도를 줄인다.
- 재능, 관심 또는 아이디어를 드러내기 위해 사람들 앞에서 공연하거나 발표한다.
- 당신의 보살핌과 관심에 대한 다른 요구에도 불구하고 당신의 필요와 자기 보살핌에 우선순위를 둔다.
- 사람들에게 당신이 말할 가치가 있는 것 또는 당신에게 중요하고 공유하고 싶은 것이 있음을 알린다.

당신은 테이블에 앉을 가치가 있다

관심을 받는 것이 낯설게 느껴질 수 있다. ADHD 부주의 유형의 경우 뒷전에서 생활하거나 무시당하는 것이 더 익숙할 수 있다. 당신이 더 외향적이거나 복합형 ADHD를 가진 사람이라면 더 많이 말하거나 움직일 수 있지만, 여전히 무시당하는 상처를 경험했을 수 있다.

어느 쪽이든, 당신은 주의를 집중하고 강력하거나 직접적인 방법으로 그것을 유지한 경험이 많지 않을 수 있다. 아마도 당신은 자신의 ADHD 또는 자신에 대한 믿음(즉, 얽힘)으로 인해 당신이 공유할 수 있다고 믿지도, 가치가 있다고 믿지도 않는 것을 언어적이든 비언어적이든, 의식적이든 무의식적이든 전달하는 습관을 들일 수 있다.

대담하고 존재감이 있다고 해서 성과를 나누어야 하는 것은 아니다. 그 대신, 당신이 다른 사람들과 함께 있을 때, 당신이 조용하든 지나치게 활동적이든, 상황에 관계없이 테이블이나 그룹에서 자리를 잡을 자격이 있다고 깊이 믿는 것이다.

하지만 왜 그렇게 어려운가

ADHD를 가진 여성은 다양한 방식으로 언어 표현에 어려움을 겪을 수 있으며, 이는 보이고, 들리고, 알려지는 데 매우 직접적인 장벽을 만든다. 생각을 정리하는 것의 어려움, 몇 분 동안 이야기의 맥락을 유지하는 것, 대화에서 우리가 어디에 있는지를 기억하고 주제에 벗어나지 않는 것은 직장이나 개인 생활에서 중앙 무대에 서고 싶은 사람들에게 불안을 유발할 수 있다.

여기 당신이 편안할 수 있는 것보다 조금 더 오래 다른 사람들의 관심을 끄는 꾸준한 작은 단계를 보여 주는 이야기가 있다. 이것은 올바른 약물이 실제 ADHD를 대처하기 위해 제공할 수 있는 북돋움과 관련이 있다. 많은 사람이 약을 먹고 에너지를 얻지만, 모든 사람이 약의 도움을 받는게 아니다.

사리의 이야기: 무대에 오르다

내가 처음으로 ADHD 약을 먹었을 때 저녁 식사 시간에 한 무리의 사람들에게 전체 이야기를 한 것도 처음이었다. 놀라운 것은 사람들이 귀를 기울였다는 것이다! 이것은 기본 역할을 하는 ADHD 약물효과의 한 예로서, 그 많은 단어를 이해할 수 있는 방식으로 연결하고 적어도 5분 동안 그것을 유지할 수 있는 실제 에너지와 정신적 조직을 제공했다! 이런 상황에서 그것이 당시 나에게는 기록이었다. 다시 말해, 리허설도 대본도 없이 나와 내 두뇌만 펼쳤다!

심호흡을 하고 덤벼들었다. 말은 순서대로 나왔고, 그 어느 때보다 5분 더 긴 만찬 무대를 유지했다. 나는 내가 흥미롭다고 생각하지만 별로 중요하지 않은 일에 대한 약간의 이야기를 하고 있었지만, 그 이야기를 이해할 수 있고, 연대순으로, 그리고 다른 사람들의 주의를 끌도록 하는 방식으로 이야기를 전달하려면 많은 정신적 조직이 필요했다. 또한 내가 그들이 지루해하거나 대화를 포기할 것이라는 두려움을 극복해야 했고, 부끄럽게도 내가 원하는 것을 실제로 다 전달할 수는 없었다. 내가 말한 실제 이야기는 중요하지 않았지만 그 순간에 나를 중심으로 더 확장되고 내 목소리를 찾는 위험이 컸다. 다음번에 더 큰 단계를 준비할 수 있도록 내 안락지대를 넓혔다.

진단과 약물치료를 통해 나는 새로운 방식으로 내 생각에 접근할 수 있었다. 이제 생각을 지속할 수 있는 에너지가 있었지만 위험을 감수해야 했다. 그 약은 그것을 가능하게 하는 뇌 상태를 제공했지만 위험을 감수한 사람은 나 사리였다. 나는 내가 흥미로운 이야기를 할 수 있다고 믿어야 했고, 다른 사람이 그렇게 생각하지 않아도 괜찮을 것이라고 믿어야 했다.

당신이 종종 말을 시작하는 것조차 어려워하는 부주의한 여성이라면 이 이야기가 마음에 와닿았을 것이다. ADHD 스펙트럼의 과잉행동과 충동적인 측면에 있는 여성은 말문이 막힌 것을 완전히 식별하지 못할 수 있지만 의사소통에서의 장벽을 경험하기도 한다.

좀 더 조용한 유형의 ADHD를 가진 여성은 주저하는 반면, 다른 사람들은 (종종 복합 표현형일 때) 충동적으로 뛰어들어 많은 말을 할 수 있다. 언어 억제가 덜한 ADHD 유형과 동일시하면 많은 주제에 대해 이야기하고 한 아이디어를 다른 아이디어와 쉬지 않고 연결하는 것을 발견할 수 있다. 당신은 당신의 최선의 의도에도 불구하고 당신의 말에서 더 많이 자제하지 못하는 자신에게 좌절할 수 있다.

이런 경우에 듣는 사람은 갑자기 튀어나온 것처럼 보이는 단어 또는 진술에 충격을 받거나, 길을 잃거나, 혼란스럽고, 짜증 나고, 당황하거나, 심지어 상처를 받을 수도 있다. 그 사람은 대화에 기여하거나 대화를 끝낼 기회가 없을 수 있으며, 이로 인해 상호작용에서 갇히거나 불평등한 파트너가 되는 느낌이 들 수 있다. 때로는 말이 방어 역할을 한다. 그것은 연결을 위한 다리를 만드는 대신 다른 사람들을 차단하는 벽을 세울 수 있다. 당신도 보이지 않는 느낌이 들 수 있다.

반면에 너무 빨리, 너무 많이 또는 너무 순환적으로 말하는 것을 발견하면 속도를 늦추고 시간을 내어 잠시 멈추어 몇 가지 메모를 작성하거나 암기하는 법을 배워야 할 수도 있다. 잠수하는 대신 먼저 한 발가락을 담그고 더 조심스럽게 진행해야 할 수도 있다. 진행 중인 상황과 상호작용을 관찰하는 방법을 배워야 할 수도 있다. 시작하기 전에 잠시 멈추고 어떤 영향을 미치고 싶은지 생각해야 할 수도 있다.

어떤 범주에 속하든 목표는 동일하다. 영향을 미치고, 보고, 듣고, 알려지는 것이다. 개방하는 새로운 시도를 할 때 불편하고 취약한 위험을 감수해야 한다. 약물치료가 ADHD를 가진 여성의 언어 패턴을 일시 중지하고, 집중하고 의사소통을 촉진하기 위해 생각을 정리하는 데 도움이 될 수 있지만, 현존(presence)과 연습은 새로운 방식으로 자신을 표현하는 데 익숙해지는 가장 좋은 방법이다. 이 접근 방식을 사용하면 사람들에게 자신이 무엇을 가지고 있는지 알리기 위해 무엇을 해야 할지 알아차릴 수 있다.

당신이 다른 사람들에게 말하는 방법을 확장하기 시작할 때, 그것은 단지 당신이 얼마나 많은 말을 하거나 얼마나 많은 시간을 할애하느냐에 관한 것이 아니라는 것을 기억하라. 그것은 의도, 현존, 연결에 관한 것이다.

사람들은 당신에게서 신호를 받는다. 세상에서 당신의 자리를 차지하는 것은 당신이 여기 있을 권리에 대해 믿는 것에서 시작된다. 당신이 식탁에 앉을 가치가 있다고 믿으라.

주목을 받는 세 가지 방법

당신이 직면하는 일부 문제는 여성이기 때문이다. 다른 일부는 당신의 ADHD 때문이다. ADHD와 여성으로서 배운 문화적 메시지 또는 교훈의 결합은 다른 사람에게 지나치게 순응하고, 자신의 생각이나 필요를 말할 때 덜 직접적이며, 명확하게 보이는 것을 회피하게 만드는 강력한 조합이 될 수 있다. 반대로, 인생의 주목을 받는 세 가지 주요 방법은 다음과 같다.

- 덜 수용적이 되라.
- 당신의 목소리를 사용하라.
- 더 눈에 띄게 되라.

덜 수용적이 되라

무대의 중앙에 머무르는 한 가지 방법은 다른 사람들의 필요를 중심으로 돌아가는 정도를 줄이는 것이다. (이 글을 쓰는 것조차 이질적인 느낌이 드니 설명을 해 보겠다.)

당신은 당신이 필요로 하고 받을 자격이 있는 도움을 요청하는 대신, 다른 사람들을 수용하고 자신의 필요를 미루는 법을 배웠는가? ADHD를 가진 여성으로서 당신은 아마도 최적의 기능을 하기 위해 편의나 지원이 필요하지만, 당신이 계속해서 다른 사람을 우선시하면서 이것을 주장하는 것을 부끄러워하는 자신을 발견할 수도 있다. 다른 사람들의 필요와 요구, 감정의 과부하를 막고, 단기적으로 스트레스를 줄이기 위해, 또는 인생 초기에 가족이나 그룹에서 자신의 역할에 대해 배운 것이기 때문에 수용할 수 있다. 양육자로서의 정체성을 확립했거나, 자기 가치가 타인의 필요에 의해 기인했다면, 당신은 아마도 자신을 뒷전으로 두게 되어 궁극적으로 시간이 지나면서 건강과 자기감이 시들게 될 수 있다. 과잉 수용은 자신의 삶의 중심에서 벗어나고 있다는 신호이다.

ADHD가 있으면 반짝이는 물건에 쉽게 끌릴 수 있다. 여기에는 삶에서 많은 공간을 차지하거나 도움이 필요한 사람들, 또는 편안하게 보조 또는 보조 역할을 맡을 수 있는 상황이 포함될 수 있다. 그러나 항상 보조 역할을 할 필요는 없다.

당신의 인생에서 중요한 선수가 되기 위해 취할 수 있는 행동에는 어떤 것이 있는가?

□ 다른 사람에게 도움 요청하기
□ 나 자신의 필요를 알리기
□ 의제를 설정하고 때때로 다른 사람들이 내 주위를 맴돌게 하기
□ 나 자신에게 평소보다 더 오래 관심의 초점을 두기
□ 나 자신을 위한 시간, 공간, 돌보기
□ 내 의견, 아이디어 또는 기술을 보다 적극적으로 공유하기
□ 기타: ____________________

호의적이거나 부담이 적은 상황에서는 다른 사람들에게 약간의 불편함을 조성하고 참는 연습을 하여, 자신이 원하거나 필요한 것을 말할 수 있는 시간을 늘리는 것이 좋다. 권한이 부여되지 않은 상태에 계속 갇혀 있는 대신에, 권한 있는 관점으로 접근 방식을 바꾸면 어떤 시나리오에서든 필요한 것을 요청하거나 자신을 더 많이 공유할 준비가 되어 있다고 느끼도록 도와줄 것이다.

당신의 목소리를 사용하라

많은 여성이 자신의 목소리를 찾고 사용하는 데 어려움을 겪고 있다. 문화 장벽과 성별 장벽이 ADHD 문제와 결합될 때, 여성은 목소리를 차단하고 말문이 막힐 수 있는 복잡한 봉쇄 교차로에 직면한다. ADHD를 가진 여성으로서 자기 확장과 권한 부여의 영역을 횡단하면서 영향력을 만들기 위해 다른 사람들의 관심을 끌고 유지하도록 목소리를 사용하는 방법을 살펴보는 것이 좋다.

우리의 담대함 개념에서는 비전을 믿고 이해할 때 말하기가 더 쉬워진다. 자신의 목소리를 활용하려면 자신이 만든 내러티브를 훼손하는 모든 이야기를 다시 작성해야 하며, 그런 다음 혼자서 또는 다른 사람과 함께 말하고, 들릴 권리를 주장해야 한다. 다음 오드레 로드(Audre Lorde, 1977)의 인용문은 자기 자신이 되고 싶어 하는 ADHD를 가진 많은 여성의 내면의 장난기와 창조적인 정신에 대해 말하고 있다.

> 말하기가 점점 더 쉬워질 것이다. 그리고 자신의 비전과 사랑에 빠졌다는 것을 알게 될 것이다. 그리고 당신은 친구와 연인을 잃게 될 것이고, 그들을 그리워하지 않는다는 것을 깨닫게 될 것이다. 또한 새로운 사람들이 당신을 찾아 소중히 여길 것이다. 당신은 여전히 수다를 떨고, 네일아트를 하고, 드레스를 입고 파티를 할 것이다. 왜냐하면 옘마 골드만(Emma Goldman)이 말했듯이 "내가 춤을 출 수 없다면 나는 당신의 혁명에 참여하고 싶지 않다". 마침내 당신은 진실을 말하는 것보다 한 가지 더 무서운 것이 있음을 확실하게 알게 될 것이다. 그리고 그것은 말하는 것이 아니다.

당신의 목소리를 사용하는 것은 강력하다! 당신의 목소리는 다른 사람들에게 영향을 미치고 자신에게 힘을 실어 주며 변화를 촉진할 수 있다. 그것은 향상시킬 수 있고, 수축할 수 있고, 주장할 수 있고, 상처를 줄 수 있고, 치유할 수 있다. 자신의 목소리를 소유하고 표현하는 연습을 하면 할수록(의도와 자신감, 관심을 가지고 사용하면서) 더 많은 힘을 느끼게 될 것이다. 우리가 말하는 힘은 다른 사람들에 대한 힘을 의미하는 것이 아니라 내면에서 나오는 힘을 의미하며, 사과하지 않고 자신과 평화롭게 지내는 느낌과 함께 오는 조용하고 자신감 있는 종류의 확신을 전달한다.

효과적인 의사소통은 ADHD 여부에 관계없이 누구나 자연스럽게 할 수 있는 경우가 거의 없다. 이것은 시간과 존재감, 수련을 받을 가치가 있는 기술이다. 우리는 말하기 위해 말하는 것이 아님을 기억하라. 우리는 연결하기 위해 말한다.

우리가 침묵하는 방법과 이유

많은 여성(ADHD를 가진 여성뿐만 아니라)은 의사소통의 영향을 완화하기 위해 수식어나 최소화하기를 사용한다. 실제로 그들의 진정한 욕망은 영향력을 높이는 것이다. 이것은 특히 남성, 고위직에 있는 여성 또는 더 큰 자기주장을 하는 경향이 있는 사람들에게 무시당하거나 압도당하거나 말을 거는 경우에 발생할 가능성이 높다.

토론에 참여하려고 할 때, 집단 내에서 축소된 유능감이나 너무 직접적으로 지각될 수 있는 요청을 하면서 "미안합니다." 또는 "어리석인 질문일 수 있지만……."이라는 말로 시작할 수 있다. 예를 들어, 논점을 말하거나 토론을 시작하고 싶을 때 "죄송합니다.", 예를 들어 논점을 말하거나 토론을 시작하고 싶을 때 "죄송합니다." "죄송합니다. 무슨 말인지 이해가 안 가네요." "죄송합니다만…… 부탁드려도 될까요?" 등으로 말할 수 있다.

그다음은 무엇인가? "존재해서 미안합니다."인가?

이런 종류의 자기침묵은 보이지 않고, 무가치하고, 무력하고, 작다는 느낌으로 이어진다. 결국 큰 원망과 상처를 줄 수 있다. 이 패턴은 의도하지 않게 당신이 정말 자신의 목소리가 없거나 (설사 그렇지 않음에도) 무시당해도 괜찮다는 메시지를 보낼 수 있다. 시간이 지나면서 배경에 있는 것이 자신에게 허용되거나, 더 안전하거나 친숙하게 느껴지기 시작했을 수 있다. 우리가 실제로 두려워하고 열심히 애를 써서 막으려고 하는 것을 만드는 경향이 있다는 사실이 흥미롭지 않은가? 이것이 우리가 자신의 궁극적인 침묵이 되는 방법이다.

실력자: 자신을 무시하지 말라

작가 타라 모어(Tara Mohr, 2014)는 여성이 커뮤니케이션에서 수식어를 사용하여 영향을 최소화하는 방법에 대해 논의한다. "미안해."와 유사하게 이러한 수식어 중 하나는 "그냥"이라는 단어이다. 모어는 "나는 단지 ……을 추가하고 싶다." 또는 "나는 단지 생각한다……."와 같이 이 수식어를 사용하는 것이 여성의 힘을 감소시킨다고 설명한다. '그냥'은 '간신히' 또는 '사과로 이 말을 하고 있다.'와 같은 의미를 더 함축함으로써, 그렇지 않다면 놀라운 아이디어일 수도 있는 것을 빠르게 무력화시킨다.

하고 싶은 말이나 말할 권리에 대해 확신이 없다면, 영향력을 강화하는 대신 약화시키는 오래된 습관에 무의식적으로 빠져드는 자신을 발견할 수 있다. "당신을 귀찮게 하고 싶지 않아."를 전달하기 위해 빨리 말하거나, 너무 많은 단어를 사용하거나, 눈맞춤을 피하거나, 강조하지 않음으로써 당신의 진술을 실격시킬 수 있다. 이러한 경우의 목표는 사람들이 당신의 말을 듣고 싶어 할 것이라는 가정에 따라 당신의 목소리를 사용하는 방향으로 나아가는 것이다. 이를 위해서는 속도를 줄이고, 심호흡을 하고, 명확하고 직접적인 진술을 하고, 자신의 생각을 표현할 권리가 있다고 가정해야 한다.

보다 적은 수식어를 사용하라

요청을 하거나 시간을 들이는 것에 대한 사과를 줄여 보라. 당신의 중요성에 대한 자격을 박탈하거나 최소화하는 것처럼 보이는 문구를 사용하는 것을 관찰하라. 더 적은 수의 수식어를 사용하여 실험해 보라.

'그냥' '사실' '죄송합니다.'를 빼라. 그 대신 직접 진술을 시도하고 "미안합니다." 대신 "고맙습니다."를 사용하라. 예는 다음과 같다.

- "나는 단지 내가 ……라고 생각하는 것을 덧붙이고 싶습니다." 대신에 "나는 ……라고 생각합니다."
- "사실 여기에 제가 동의하는지 잘 모르겠습니다." 대신에 "여기에 저는 동의하지 않습니다. 내 인상은……."
- "괜찮다면 여기에서 제가 대화에 끼어들고 싶습니다." 대신 "추가하고 싶은 것이 있는데 아직 반론도 없고요. 내 생각은……."
- "시간을 내서 죄송합니다." 대신 "오늘 시간 내주셔서 감사합니다."
- "죄송합니다. 귀찮게 해서요." 대신에 "할 얘기가 있어요. 지금 또는 나중에 시간이 있습니까? 저는 2시에서 5시 사이가 좋습니다."

신체로 표현하기

당신의 몸짓 언어는 당신의 목소리와 당신이 전달하는 메시지를 보완할 때 강력한 효과를 가질 수 있다. 사회심리학자 에이미 커디(Amy Cuddy, 2015)는 몸짓 언어를 확장하여 작고 약하고 열등한 것과는 대조적으로 더 많은 공간을 차지하고 더 크고 강하고 자랑스러운 느낌을 전달할 것을 권장한다. 그녀는 발을 바닥에 단단히 고정하고 머리를 위로, 어깨는 척추를 곧게 펴고 서도록 권장한다. 슈퍼히어로처럼 엉덩이에 손을 얹을 수도 있다.

마찬가지로, 주의가 산만해지면 몸짓 언어가 당신을 포기할 것이다. 예를 들어, 말하고 있는 사람에게 주의를 기울이기가 어렵다면 눈이 이리저리 움직이거나 다른 소음이나 대화 방향으로 귀를 돌릴 수 있다.

다양한 환경, 집단, 상황에서 당신의 몸짓 언어를 기록해 둔다. 어떤 패턴이 보이는가? 해당하는 항목에 체크하라.

- □ 가슴에 팔짱을 끼고 있는가? 팔을 팔걸이에 편히 두라.
- □ 내가 내려다보고 있는가, 아니면 멀리 보고 있는가? 가슴과 머리를 들어 올리라.
- □ 나는 눈을 마주치고 있는가, 아니면 시선을 피하고 있는가? 눈맞춤을 잠시 더 유지해 보라.
- □ 나는 어깨를 움츠리고 웅크리고 있는가? 가슴을 펴고 똑바로 앉으라.
- □ 내 몸짓 언어가 보내는 의도하지 않은 메시지는 무엇인가? 약간 조정하라.

부드러운 힘: 최소한의 격려어 사용하기

그러나 의사소통을 위해 슈퍼히어로의 망토를 흔들며 엉덩이에 손을 대고 파워 포즈를 취할 필요는 없다. 원활하고 효과적인 의사소통에는 유연성과 적응력이 필요하다. 자연스러운 감수성을 유지하며 진심 어린 부드러움을 전달하면서 진지하게 받아들이려면 상황에 따라 행동을 조정해야 한다. 다른 사람과 의사소통하는 데 도움이 되면서도 당신이 누구인지, 그리고 당신이 필요로 하는 것이 무엇인지에 대해 진실된 방식으로 목소리를 사용하라.

누군가의 말을 들을 때 최소한의 격려어를 사용하여 당신이 관심을 갖거나 공감하고 있음을 보여 줄 수 있다. 최소한의 격려어는 당신이 그들과 함께 있다는 것을 상대방에게 알리는 간단한 신호이다. 격려어는 대화를 계속하고 친밀감을 유지하도록 격려한다. 당신은 이미 최소한의 격려어를 사용하고 있을 것이다. 눈을 마주치거나, 관심을 가지고 고개를 끄덕이고, 대화에 어울리는 특정 표정을 짓거나, 진정한 어조로 "어, 그래, 그래."라고 말하는 것이다. 이 모든 작은 몸짓은 "나는 당신의 말을 듣고 나는 지금 이 순간에 당신과 함께 있다."를 전달한다.

최소한의 격려어는 대화에서 길을 잃는 것이 두려울 때 도움이 되는데, 많은 말을 하지 않고도 상대방이 말하는 내용에 집중할 수 있기 때문이다. 이렇게 하면 다른 사람의 말에 귀를 기울이고 계속 진행하는 데 도움이 될 수 있다. 최소한의 격려어가 큰 연결고리이다. 그것들을 사용하는 사람(듣는 사람)에게는 권한을 부여하고, 그것을 받는 사람(화자)에게는 타당화한다. 당신이 능동적으로 경청할 수 있을 때, 당신과 당신의 ADHD 두뇌는 집중한 상태를 유지할 수 있다.

진심을 말하기

당신의 의견이나 선호를 물었을 때 그것을 말하라. 많은 여성에게 흔한 관행인 분별력을 막거나 포기하지 말라. 예를 들어, "인도 음식을 먹으러 갈래요?"와 같은 질문에 "당신 마음대로 하세요."라고 대답하는 대신에 적극적인 대답을 하는 것을 연습하라. 잠시 자신을 확인하고 진정한 자아가 말하고 싶은 것을 명확하게 전달하라.

잠시 멈추고 당신이 생각하거나 느끼는 것을 스스로에게 질문하는 연습을 하라. 그러고 나서 수식어 없이 다음 문구 중 일부를 시도해 보라.

- 내 생각에는…….
- 나는 ……을 선호한다.
- ……처럼 느낀다.
- 나는 ……을 믿는다.
- 나는 ……을 좋아한다 / 싫어한다.
- 나는 ……하면 즐거울 것이다.
- 나는 내가 ……을 원하지 않는다는 것을 안다.

더 짧고 직접적으로 조정하면서 의견을 조정하라. 기본적이고 간단한 용어로 직접 진실을 말하라. 단어 선택에 있어 친절과 주의가 중요하지만, 우리는 짧고 요점에 맞는 설명이 충분할 뿐만 아니라 더 큰 영향을 미칠 때에도 종종 과하게 소통한다.

특히 언어적 충동이 있는 여성의 경우, 사람들이 전체 배경 이야기나 정당성을 가질 필요가 없음을 기억하는 것이 중요하다. 사람들 눈이 번쩍 뜨인 걸 본다면, 아마도 한 번에 너무 많은 정보가 나타나는 것일 수 있다. 할 말을 더 작은 덩어리로 나누라. 말할 기회가 두 번 이상 있을 것이다. 미리 누군가와 사전 처리를 시도하거나, 시간을 내어 혼자 이야기하거나, 몇 가지 메모를 작성해 볼 수도 있다. 당신의 요점과 양 당사자가 상호작용에서 취하기를 원하는 것을 식별하라. 왜냐하면 이것은 기억과 명료성에 도움이 될 것이다.

실제로 누군가와 이야기하기 시작하면 함께 묶고 싶은 다른 많은 관련이 없는 아이디어에 대해 생각하고 있는 자신을 발견할 수 있다. 이러한 아이디어가 주의를 산만하게 하거나 말할 차례가 되었을 때 기억하지 못할까 봐 걱정된다면, 나중에 연결할 수 있도록 메모장에 적어 둘 수 있다.

눈맞춤을 유지하고, 당신이 시선, 소리, 생각, 심지어 다른 사람의 표정에 정신이 흐트러지는 순간으로 계속 돌아가라. 누군가에게 무언가를 반복하도록 요청하거나 응답하기 전에 생각을 정리할 시간을 요청하는 것은 언제나 괜찮다. "나는 당신의 흥미진진한 아이디어에 너무 자극을 받아 나중에 다시 기억할 수 있도록 메모를 하고 있어요!"(누가 그런 칭찬을 원하지 않겠는가?)와 같이 표현할 수도 있다.

약간 더 강한 목소리로 말하는 연습 방법을 찾으라. 당신은 당신이 누구인지에 대해 표현하고 싶은 것을 알고 있는 자신 내부에 있는 장소에 연결함으로써 이것을 할 수 있다. 이 공간에서 근거를 찾고, 평소보다 더 오래 여기에서 그 권리를 주장하는 것이 어떤 것인지 경험해 보라.

더 눈에 띄게 되라

지금까지 이 장에서 우리는 우리의 공간을 유지하고, 무대를 공유하고, 방황하거나 밀리지 않는 것을 이야기했다. 우리는 더 적은 수용을 통해 우리의 공간을 유지하고 더 강한 목소리를 통해 우리 자신이 들리는 것을 이야기했다. 이제 우리는 자신을 더 눈에 띄게 만드는 것으로 전환한다.

불을 밝히기: 당신을 보여 주기

우리는 항상 크게 말하고 싶은 건 하나이다. 우리는 항상 생각하거나 느끼는 것을 말하고 싶지 않을 것이다. 그것은 괜찮고 때로는 아주 적절하다. 하지만 말을 적게 하는 경우에도 우리는 언제나 자신의 성격이 더 많이 드러나도록 선택할 수 있음을 기억하라. 우리는 베일 뒤에서 나와 우리의 참되고 자연스러운 연결 방식이 빛을 발하도록 함으로써 아무것도 드러내지 않고 우리 주변의 공간을 밝힐 수 있다.

사리의 이야기: 니스에 합격

몇 년 전, 진단과 약물치료를 받기 전에 나는 저녁 식사를 위해 식당에서 남편의 친척을 처음 만났다. 며칠 후, 나는 예비 남편에게 그들이 나에 대해 어떻게 말했는지 물었다. 그들이 나를 묘사하는 데 사용한 단어는 '즐거움'이었다. 이제 나는 많은 것이지만, 일반적으로 나를 잘 아는 사람들이 나를 설명하는 데 가장 먼저 사용하는 단어는 즐거움이 아니다. 하지만 돌이켜 보면 나는 사실 '즐거운' 일에 최선을 다했다는 것을 알았다. 나는 평정심을 유지했고, 기분을 상하게 하지 않도록 조심했고, 미소를 조심했고, 착하고, 상냥했고, 잘 들어 줬다. 기본적인 사실 외에는 나에 대해 많이 밝히지 않았다.

나는 실제로 여러 해 동안 약물을 복용하고 많은 ADHD 환자 앞에서 성공적으로 이야기를 나눴음에도 불구하고, 신경 전형적에 대한 나의 진정한 성격을 드러내고 보여 주는 것이 지속적인 투쟁이라는 사실을 수년이 지난 후에도 여전히 발견하고 있다. 그러나 나는 내 어려움을 드러낼 필요도, ADHD에 대해 연설할 필요도, ADHD를 가진 사람을 변호할 필요도 없음을 배웠다. 나는 나의 진정한 ADHD 성격을 더 많이 보여 주기 위한 목표와 전략을 정했다. 나는 더 많이 또는 더 빨리 말하고, 웃고, 미소 짓고, 참여할 수 있다. 적어도 이런 식으로 다른 사람들은 내가 존재한다는 것을 알고 내 성격을 알 수 있다. 비록 내가 어려움이나 ADHD에 대해 모든 것을 과도하게 설명하지 않더라도 말이다.

'즐거움'이 터닝포인트였다. 내가 오늘도 계속 연습하고 있는 교훈은 '정상'에 합격하려고 하지 말라는 것이다.

발견: 눈에 띄기

다른 사람들이 당신을 어떻게 보기를 원하는가?

□ 웃는
□ 웃고 즐기는
□ 어리석거나 기발한
□ 내 의견을 공개적으로 공유하는
□ 나 자신의 두뇌와 피부에 편안함을 느끼는
□ 자연스럽게 행동하는
□ 기타: ____________________

개방하기: 사람들과 연결되도록 하기

우리는 종종 사람들이 우리의 더 깊은 감정을 느끼고 그들 또는 삶에 대해 어떻게 느끼는지 알기 위해 내부에서 외부를 볼 수 있기를 원한다. 타라 브랙(Tara Brach, 2003)은 '부드러운 마음'이라는 불교 개념에 대해 이야기한다. 이런 식으로 가시성을 부드럽게 생각한다는 것은 방어를 약간 낮추어 연결하고 싶은 사람들을 환영하는 것에 대해 생각하는 것을 의미한다.

때로는 방어가 사람들로부터 우리를 무차별적으로 차단한다. 우리는 다치지 않지만 아무도 들어오거나 우리에게 자신을 줄 수 없다. 이것은 우리를 아무것도 하지 않는 상태로 만든다. 우리는 요새의 벽 뒤에 있기 때문에 되돌릴 수 없다.

우리가 개방했을 때, 우리는 더 친밀하게 보인다. 우리는 음식점 종업원부터 문제가 있는 친구에 이르기까지 누구와도 이 작업을 수행할 수 있다. 개방은 단지 1분이 소요되고 약간의 관점 전환이 필요한 정신적 개념이다. 무슨 말을 해야 할지 모르겠더라도 숨을 들이쉬고 부드러워지는 자신을 느껴 보라. 당신이 돌보는 것처럼 보이고 특징지어지기를 원할 때 완전하고 자연스럽게 당신 자신으로 나타나라.

성찰: 개방하기

당신이 그러지 않기로 선택한 것을 과도하게 개방하지 않고도 진짜 당신을 더 많이 보여 주고 마음을 열 수 있는 방법이 있는가?

특히 관심이 있지만 그것을 보여 줄 방법을 모를 때 어떻게 사람들이 조금 더 가까이 다가갈 수 있도록 개방할 수 있는가?

다른 사람에게 베풀기: 영향력 만들기

때때로 우리는 '빛나는' 것이 우리의 사명이나 다른 사람에게 주고자 하는 열망과 별개가 아니라는 것을 깨달을 때 기분이 더 좋다. 더 많은 공간을 차지하는 것은 이기적인 것이 아니다. 그 대신, 빛나는 것은 우리 자신과 우리가 주어야 할 것을 소중히 여기는 것이다. 이런 식으로 생각하면 우리는 잠재적인 두려움과는 반대로, 우리가 누구인지, 우리가 생각하고, 알고, 세상에 가져오는 것을 다른 사람들에게서 빼앗는 것이 이기적임을 알 수 있다.

성찰: 당신이 제공하는 것

빛나는 것은 이기적이지 않다. 그 대신 그것은 가시적이고 존재함으로써 다른 사람들에게 영향을 미치는 한 가지 방법이다. 다른 사람들에게 바라는 영향은 무엇인가? 무엇을 제공하기를 원하는가?

다른 사람들이 당신을 보지 못하고 알지 못해서 무엇을 놓치고 있는가?

당신은 눈에 잘 띄지 않게 하기 위해 때때로 무엇을 하는가?

어떤 사람에게 당신이 보다 더 눈에 띄기를 바라는가?

____

____

당신이 알지 못하기에 기대할 필요가 없는 사람들과 함께함으로써 가시적인 존재가 되는 것이 더 쉬울 수도 있다. 먼저 한번 해 보라. 바리스타에게 미소를 보여 주거나 이웃에게 몇 마디 해 보라. 당신 스스로에게 물어보라. 당신의 어떤 면이나 성격 또는 온화하거나 유머스러운 것 중 당신이 숨겼으나 결국은 다른 사람이 보기를 원한 것이 무엇인지 스스로에게 물어보라. 당신이 그것을 알 수 있게 당신의 경험을 기록하거나 녹음하라.

제8장 요약

- 담대한 신경의 다양성을 가진 여성이 된다는 것은 다른 사람들 앞에서 자신을 개방하고 보여 주고 진정한 개인 특성을 빛나게 함으로써 중앙 무대를 이끌고 공유하는 것을 배운다는 것이다.
- 당신은 좀 더 직설적이 되거나 미안해하지 않기 위하여 언어나 비언어적인 단서를 통하여 존재감과 영향을 향상시킬 수 있다. 이러한 연습은 원했던 삶과 원했던 가치에 좀 더 다가갈 수 있게 도와 줄 것이다.

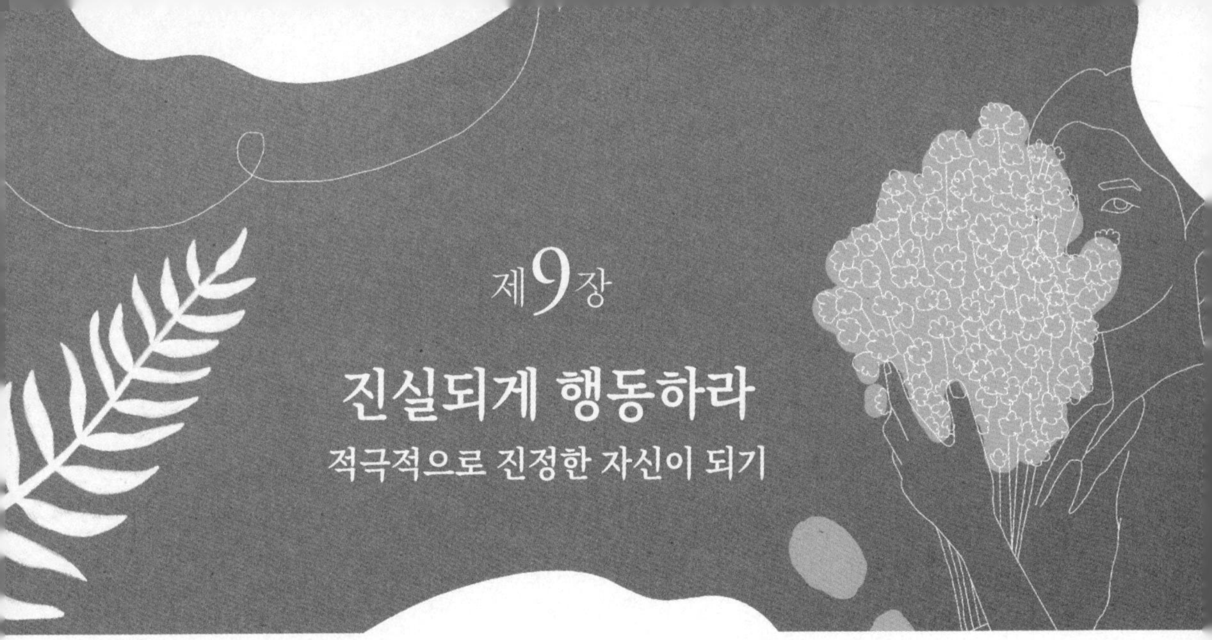

제9장

진실되게 행동하라

적극적으로 진정한 자신이 되기

당신이 당신 내면의 확신성, 진실성, 진정성에 알맞은 선택을 할 때마다 당신은 자신에게 더욱 가까이 다가가게 된다. 이것의 가장 멋진 점은 당신이 ADHD로 인하여 고통받았던 수치심과 내면화되어 있는 메시지로부터 분리되었던 진정한 자아와 가장 조화를 이룰 때 당신에게 가장 성취감 있고 목표 지향적인 길을 걸을 수 있도록 도와주는 용기와 자유로움을 만들어 낸다는 것이다.

ADHD를 가진 여성으로서 담대한 삶을 향한 여정이 당신만의 것이어야 하기에 이러한 것들을 하기 위하여 진실성은 대단히 중요하다. 그렇기 때문에 이 장은 당신 자신만의 진실성을 유지하는 주제에 집중한다. 사람은 자신만의 사고와 신체를 가지고 있기 때문에 진정한 삶을 살기 위한 일률적인 접근법은 없고, 그렇기에 ADHD에 대한 일률적인 치료법은 없다.

당신이 그것을 자신과 잘 조화시켰을 때 결국 더 강해지게 되고, 자신의 욕구에 맞출 수 있고 관계에서는 더욱 개방적이게 된다. 또한 내면의 안정감을 증가시켜 다른 사람들에게 힘을 실어 주는 도미노 효과를 가지고 있다. 그렇다. 당신은 그것을 정확히 읽었다. 더욱 진실해질수록 더 나은 세상을 만들 수 있다. ADHD를 가진 여성으로서 가장 심도 있고 만족하게 지지받는 자신을 향한 여정은 당신의 주위 사람들에게도 최고의 그 무엇을 이끌어 낼 수 있다. 이것은 강력한 것이다. 이것은 오랫동안 당신을 억눌렀던 내면화된 수치심과 메시지들에 계속해서 맞서기 위한 새로운 안정감, 힘 그리고 용기를 얻도록 도와줄 것이다. 당신이 그렇게 하는 것을 돕기 위해 이 장에서는 마음챙김의 진실함(mindful authenticity)이라고 불리는 ADHD를 가진 여성들을 위해 개발한 단계적인 실천법을 통하여 당신을 안내하게 된다.

마음챙김의 진실함

마음챙김의 진실함이라는 용어는 우리가 자신도 모르게 숨으려고 하거나 반사적으로 행동하려 할 때 우리 스스로 자각하게 되는 적극적인 실천을 위해서 개발되었다. 이것은 또한 우리가 수치심에 의한 감정이나 ADHD로 인한 자동적인 반응에 의하여 행동하는 것을 자각하고 있음을 의미한다. 이러한 자각 연습은 진정한 관계 형성과 행동의 증가로 이어진다.

우리가 선택의 폭을 늘리고 자신에 대한 자각과 진실한 감정에 대한 자각을 유지하는 것을 배우면, 여기서 오는 선택의 폭과 권능감을 증가시켜서 새로운 주체감과 효과성을 만들어 내게 된다. 심리학적 의미에서 주체감은 통제감, 즉 이것은 우리의 선택에 있어서 스스로 시작하고 행동할 수 있는 능력이 있다는 감정이다. 오랫동안 스스로 부족하고 무능하다고 느끼며 살아온 ADHD를 가진 여성들에게 이러한 주체감을 개발하는 것은 강력하고 필수적이다.

ADHD를 가지고 진실하게 산다는 것은 의도적으로 느리게 행동해야 하는데 ADHD의 기질을 가진 사람에게는 천성적으로 어려운 것이다. 만약 당신이 이것 때문에 어딘가에서 갇혔다고 느낀다면, 그것은 당신의 잘못이 아닐

뿐만 아니라, 그것에 대해 할 수 있는 그 무엇인가가 있다는 뜻이다. 마음챙김의 진실함에 관여하는 적극적인 과정이란 제어할 수 있는 정신적인 틀을 만들고 당신이 진실한 선택을 할 수 있도록 당신의 경험을 평가하도록 돕는다.

좀 더 단순화하면, 마음챙김의 진실함의 가정을 알아차리기와 선택하기의 두 개의 행동으로 생각하는 게 가장 쉬울 것이다.

알아차리기

대부분의 것이 그렇듯이, 마음챙김의 진실함에 관여하는 첫 번째 단계는 알아차릴 수 있을 만큼 충분히 오래 멈추는 것이다. 우리의 내적 경험을 알아차릴 수 있을 만큼 자신에게 시간과 공간이 주어졌을 때 가치관 등에 따라 행동할 수 있는 더 많은 나은 선택을 갖게 된다.

알아차리기는 특히 불편한 무언가가 엄습해 올 때, 잠시 동안 내적 경험과 함께 있어 머물러 주는 것이 요구된다. 그러한 순간에 엄청난 불편함과 두려움을 연민, 호기심을 가지고 머무를 수 있는 기회를 갖게 된다. 이것은 우리가 숨기고 가장하고 뒤로 물러나고 없어져 버리는 것과 같은 습관적인 자기패배적인 행동으로부터 벗어날 수 있도록 도와주고, 새로운 선택을 위한 공간을 만들어 준다.

이러한 알아차림 과정은 당신의 내적 경험과 그에 따른 행동들을 가볍고 편안하게 관찰하고 명명하는 신체 스캔으로 가장 잘 묘사되는 것이다. 이를 통해 당신이 심리적인 장애나 ADHD를 느끼는 순간의 경험에서 거리를 두게 되어 의도적인 선택을 하도록 돕는다. 또한 의도적인 선택을 한다는 것은 ADHD로 인한 자동화모드(autopilot) 반응에 이끌리지 않는다는 것을 의미한다.

알아차림 단계를 진행할 때 그 감정을 기억하는 것이 도움이 되고, 그것들과 함께 동반되는 생각들이 바로 정보이다. 감정과 생각은 존재하는 타당한 이유가 있고, 그것은 당신이 무엇을 원하고 당신의 경계가 어디에 있는지에 대한 단서를 알려 준다. 존재하는 타당한 감정은 당신에게 언제 가장 살아 있는 감정을 느끼고, 가장 위축되고 억압받는지를 알게 해 준다.

ADHD를 가진 여성들은 종종 정서적으로 민감해지고, 감정적으로 반응할 수 있다. 때때로 인간은 정서적 두뇌에 사로잡힐 때, 정서조절의 어려움이나 감정적 홍수에 처하고, 천천히 속도를 늦추고 명확한 사고에 접근하는 게 어렵게 된다. 그래서 당신은 스트레스를 받거나 감정적으로 되는가? 그렇다(Combs et al., 2015). 그렇지만 이것은 당신이 무엇을 필요로 하고 어떻게 살고 있는지에 대한 도움이 되는 지침이기도 한다.

경험을 적는 것은 당신이 다른 사람들과 사귀고 있는 방식과 특정한 감정이나 반응을 연결시킬 수 있게 해 준다. 알아차림을 위하여 잠시 멈추는 것 또한 스스로를 존중하고 있는지를 확인하기 위하여 당신을 이끌어 준다.

거짓 징후 깨닫기

당신의 진실함이 사라지는 것 같을 때 스스로에게 다음 질문을 해 보라.

- 나는 갑자기 기분이나 행복감이 떨어지는 것 같은 감정을 경험하고 있는가?
- 나는 건강한 취약함을 받아들이는가, 아니면 그에 저항하는가?
- 나의 진실한 자기를 반영하지 못하는 감정적인 공간으로부터 그냥 참고 있는가, 아니면 반사적으로 행동하는가?
- 갈등이나 연결에 대한 위협을 예상하기 때문에 감정 표현을 피하고 있는 나 자신을 발견하고 있는가?
- 오해받고 판단받고 무시당하는 것을 예상하는가?

• 마치 현재에 완전히 있지 않거나 나 자신이 될 수 없다고 느끼는가?

이것들은 당신이 초기의 거짓된 모습에서 경험하거나 경험할 위험이 있는 잠재적 초기 지표들이다. 다음은 의식적인 행동으로 진입하기 위하여 잠시 멈춰 되돌아볼 필요를 제시하는 감정이나 행동 가능한 변화에 대한 더 광범위한 목록이다.

발견: 감정적인 단서 알아차리기

당신의 진실하지 못한 경험을 정확하게 묘사하는 감정을 확인해 보라.

내가 진짜가 아닐 때 나는 ……처럼 느낀다.

☐ 나의 전반적인 행복감의 급격한 하락
☐ 불안, 감정, 반사적 행동의 증가
☐ 오해, 판단, 또는 종료
☐ 보이지 않음
☐ 들킬 것에 대한 염려
☐ 오래된 상처의 아픔이 떠오름
☐ 방어 또는 보호
☐ 화, 좌절, 분노
☐ 기타: ____________________

발견: 신체적 감각 알아차리기

내가 진짜가 아닐 때, 나는 …… 알아차린다.

☐ 내 가슴의 통증 또는 아픔
☐ 목이 멤

□ 뱃속의 꼬임, 벌렁거림, 소용돌이치는 감각
□ 몸의 긴장감
□ 이를 악묾
□ 감추어진 눈물(Tears behind my eyes)
□ 심박수 증가
□ 내 몸을 보호하는 벽이나 그러한 감정
□ 나를 더 작게 혹은 더 크게 만들고 싶은 성향
□ 기타: ______________________________

발견: 행동의 변화 알아차리기

내가 거짓일 때 나는 ……하는 경향이 있다.

□ 사람에게 다가가거나 경험하기보다는 뒤로 움츠러들기
□ 더 많이 참여하거나 관여하는 대신 철수하기
□ 개방하거나 드러내는 것 대신 뒤로 숨기
□ 머물기보다 차라리 그 상황에서 떠나기
□ 떠나기보다 차라리 그 상황에 머물기
□ 진실되게 행동하는 것 대신 좋지 않은 방법으로 나 자신이나 다른 사람을 위협하기
□ 나 자신을 주장하는 것 대신 최선의 관심사나 욕구 또는 의도를 무시하기
□ 기타: ______________________________

진실함의 징후 알아차리기

만약 당신의 삶에서 진실함에 접근하는 것이 불가능하다고 느꼈다면, 내적 경험들이 자신과 함께하는 것이 어색해서일 수 있다.

다음의 목록은 당신에게 진실함이 어떤 느낌인지 되돌아보라는 메시지를 표시하기 위한 것이다. 당신의 진실, 가치, 진실성에 따라 실제로 참여할 때

를 어떻게 알아차릴 수 있는가? 자신이 가장 진실하다는 것을 스스로 알아차렸을 때 느껴지는 모든 경험을 확인해 보라.

발견: 감정적인 단서 알아차리기

내가 가장 진실할 때 나는 ……을 느낀다.

- □ 바쁨
- □ 들뜸
- □ 보고 듣고 이해함
- □ 존경
- □ 대담
- □ 성취
- □ 평화롭고 평안해지고 고요해지며 자유롭고 즐거움
- □ 자신에 대한 확신
- □ 내 요구와 가치에 대한 일체감
- □ 공간적인 편안함과 어떤 행동을 하기 전 잠시 멈춤
- □ 기타: ______________________

발견: 신체 감각 알아차리기

내가 가장 진실할 때 나는 ……을 알아차린다.

- □ 개방된 몸짓
- □ 쉽고 자연스럽게 미소 짓기
- □ 몸 근육의 이완
- □ 복부와 가슴이 편안해지고 고요해진 느낌
- □ 뱃속의 흥분감
- □ 일정한 심박수
- □ 흥분된 심박수 증가

☐ 움직임과 행동의 편안함
☐ 개방적이고 평소와 다른 식으로 일을 처리해도 될 것 같은 편안함
☐ 기타: ____________________

발견: 행동의 변화 알아차리기

내가 가장 진실할 때, 나는 ……하는 경향이 있다.

☐ 크게 말하고 싶을 때 크게 말한다.
☐ 내가 욕구와 상황에 맞는 방식으로 나에 대한 것이나 내 의견을 공유한다.
☐ 나에게 적절한 선택을 한다.
☐ 나 자신과 다른 사람에게 친절한 방식으로 나를 표현한다.
☐ 나의 가치, 욕구, 원하는 것에 맞추어 행동한다.
☐ 행동하거나 말하기 전에 잠시 멈춘다.
☐ 성장을 위해 조금 더 나아간다.
☐ 더 어리석고 별나고 바보같이 행동한다.
☐ 좀 더 자신감 있거나 다른 사람의 생각을 덜 신경 쓰는 식으로 행동한다.
☐ 사람들과 함께하는 것을 즐긴다.
☐ 기타: ____________________

성찰: 마음챙김의 알아차리기

마음챙김의 진실함에 대한 탐구나 알아차리기 징후들을 발견함에 있어서 가장 중요하거나 흥미로운 것은 무엇인가? 앞으로 이를 적용하기 위하여 마음속에 남겨 두고 싶은 사항들을 메모하라.

____

____

____

____

성찰: 거짓 행동을 하게 만든 흔한 촉발 요인 식별하기

거짓 행동을 하게 만든 순간의 상황을 묘사해 보라. 어디에 있었는가? 누가 거기에 있었는가? 무엇이 일어났는가?

거짓에 가까워지고 너 자신으로부터 도망가려고 했던 그 순간의 당신 내면의 경험을 묘사하라.

특별한 사람들, 비언어적인 단서, 언어, 행동, 사건 또는 그러한 것들을 촉발시키는 어떤 특별한 환경이 있었는가? 가능한 한 자세히 묘사하라.

그 당시 진실한 선택을 했을 거라고 가정한다면, 당신은 어떻게 그 상황에서 행동했을 것 같은가?

성찰: 진실한 행동의 경험을 기억하기

진실한 순간을 경험했던 상황을 묘사하라. 어디에 있었는가? 누가 거기에 있었는가? 무슨 일이 일어났는가?

의식적으로 자신에게 다가가서 진실한 행동을 했을 때의 그 순간의 당신 내적인 경험을 묘사하라.

특별히 존재했던 사람들, 비언어적인 단서, 말, 행동, 사건 등 또는 특별하게 자유로움을 주었던 상황이 있었는가? 가능한 한 자세히 묘사하라.

선택하기

ADHD를 가지고 살아가는 것은 가장 환상적인 청사진을 만들 적절한 도구 없이 그냥 그러한 청사진을 쳐다만 보고 있는 것처럼 느껴질 수 있다. 알아차리기 과정으로 넘어가기 위하여 잠시 멈추는 과정은 의식적인 행동으로 넘어갈 수 있는 기반을 만들어 낸다. 우리는 이 마음챙김의 진실함 두 번째 단계를 '선택하기(choosing)'라고 부른다. 모든 주어진 상황에서, 당신은 자기보호적인 범위 안에 머무르거나, 진실함으로 넘어가기 위하여 자신에게 좀 더 가까이 갈 수도 있고, 반대로 더 멀리 도망갈 수 있는 선택권도 있다.

우리가 가지고 있는 가장 강력한 힘은 완전한 자신이 되는 것이다. 당신이 나아가야 할 궁극적인 목표와 지금까지 이 과정을 밟으면서 쌓아 온 것들은 ADHD를 가지고 있는 독특하고 특별한 여성으로서 완전한 자신이 되기 위한 선택을 할 수 있게 한다는 궁극적인 생각을 갖게 하는 것이다.

자신을 드러내기를 선택하기

마음챙김의 진실한 선택을 하는 것과 관련이 있는 한 가지 방법은 의도적으로 자신을 더욱더 드러내는 사소한 방법을 찾는 것이다. 당신이 그렇게 할 수 있었을 때 당신은 의미 있는 방식으로 다른 사람들과의 관계에 관여하고 있음을 느낄 수 있을 것이다.

자신을 개방하는 것도 범위가 있다. 적극적인 것처럼 행동하다가 갑자기 조용히 마음을 닫을 수도 있다. 당신의 내적 그리고 외부적 경험을 보다 명확하게 알아차리기 위해 빨리 감찰하는 것은 당신의 잠재적인 선택의 방향을 알게 해 주는 데 도움이 될 것이다. 예를 들어, 이해받지도 목격되지도 못하는 빈번한 느낌은 당신이 다른 사람들과 단절되었다고 느끼게 하거나 막연하게 불안하게 만들 수 있다.

의도적으로 드러내기의 3단계 과정

지금부터 당신이 내적 경험의 변화를 느끼는 그 순간 자신을 확인하기 위하여 사용할 수 있는 간단한 세 가지 단계를 시도할 것이다. 그 과정은 다음과 같다.

1. **묻기**: 첫째로, 어떤 특정한 상황에서도, 사람들이 나의 어떤 것을 알았으면 하는지에 대해 스스로에게 물어보라.

    - 나는 사람들이 내가 똑똑하고 창의적이며 독창적이라는 것을 알기 원한다.
    - 나는 그들이 내 내면의 재미있는 부분을 보기를 원한다.
    - 나는 그들이 내가 사랑한다는 것을 알기를 원한다.
    - 나는 그들이 어떤 주제에 대하여 나의 생각과 지식을 이해해 주길 바란다.
    - 나는 그들이 나의 어려움을 알고 내가 무엇을 필요로 하는지를 좀 더 알기를 원한다.

2. **스캔하기**: 다음으로, 빠르게 진실한지를 스캔해 보고 자신에게 물어보라. 자신을 드러내기 위하여 지금 이 순간 다른 사람들이 나를 정확히 볼 수 있게 어떻게 행동하고 있는지를 생각해 보라.

3. **선택하기**: 마지막으로, 선택하라. 이제 당신은 자신에 대하여 좀 더 혹은 좀 덜 진실한 단서들을 알아차릴 수 있는 방법뿐만 아니라, 주어진 상황에서 어떻게 자신을 개방할 수 있을지를 알고 있으므로, 얼마나 많이 자

신을 개방할 수 있을지에 대해서도 결정할 수 있다.

성찰: 3단계 확인

의식적인 드러내기의 3단계 과정의 설명을 읽은 후, 이러한 접근 방식을 적용하는 연습을 하기 위하여 다음의 질문에 답하라.

당신이 이러한 과정을 적용하고 싶었던 상황에 이름을 붙이고 그러한 상황을 설명하라.

1. 묻기: 당신이 파악한 상황에서, 사람들이 당신에 관하여 무엇을 알기를 원하는가?

____

____

____

2. 스캔하기: 이 시나리오에서, 스스로에게 "나의 말과 행동이 다른 사람들에게 어떻게 보이고 알려지기를 원하는 방식과 일치하는가?"라고 묻는 것을 상상해 보라.

____

____

____

3. 선택하기: 당신은 이 시나리오에서 사람들이 당신에 대해 보고 알았으면 하는 것들을 고려해 볼 때 좀 더 진실하게 자신을 드러내기 위하여 어떤 행동과 말들을 선택하기 원하는가?

____

____

____

드러내지 않기: '나는 하지 않는 것을 선택한다'는 것은 강력한 태도이다

진실한 행동을 실행하는 두 번째 방법은 어떤 특정한 사람들 또는 상황에서 적어도 전부는 아니더라도 자신을 드러내지 않는 것이다. 여기에서 중요한 단어는 의도적인 것과 선택이라는 두 개의 단어이다. 때때로 자신을 드러내지 않는 것이 최선의 행동 방침이다.

당신의 경험은 바로 당신이 적합하다고 생각하는 대로, 당신을 드러내고 공유하는 바로 당신만의 것이다. 만약 당신이 감정적으로 안전하지 않다고 느끼거나 자신을 보호해야 할 욕구를 느낀다면, 그러한 상황에서 당신의 경험을 이해하고 알아차릴 여유로운 시간을 갖도록 하라. 더 드러내고 개방적인 방식으로 행동하는 결과나 정서적 안전의 실질적인 위협이 있는가? 아마도 당신은 무엇인가를 주장하거나 공유하는 것을 편안하게 해 주는 것들이 있을 수도 있고 그렇지 않은 것들이 있을 수도 있다. 다시 말하지만, 어떤 상황이든 당신이 참여할 수 있는 마지노선(경계)과 등급이 있고, 그것을 개방하거나 덮을 수 있는 선택은 언제든 당신에게 달려 있다.

어떤 특정 집단에서 당신이 자신의 생각이나 의견들을 공유하지 않기로 한 것을 말해 보자. 아마도 당신은 스스로에게 "이 집단에서 내 생각을 공유하고 싶지 않아. 그들은 내 생각을 이해하거나 감사해할 사람들이 아니니까. 나는 여전히 그들이 좋고 그들은 내가 웃음을 공유할 수 있는 집단이지만, 나는 내가 가지고 있는 다른 생각을 말하거나 설명하지 않기로 선택했어."라고 말할 수도 있다.

그것의 요점은 의도적으로 선택하게 되는 것이고, 누구에게 알려 주고 왜 당신이 자신에 대해 다른 사람들에게 이미 알려진 것들과 또는 다른 것들을 공유하기를 원하는지를 알게 되는 것이다. 마찬가지로, ADHD를 가진 자랑스러운 여성이 되는 것도 괜찮고, 당신의 개인적인 경험과 틀에 박혀 있지 않은 생각들과 독특한 세계관을 특별히 어떤 주제에 참여하기 원하는 사람들과 공유해도 괜찮다.

샐리의 이야기: 드러내지 않고 어울리기

60세의 샐리는 많은 면에서 그녀와 너무나 다른 평생의 친구 그룹이 있다. 그 그룹은 매우 좋은 추억과 많은 웃음을 함께 나누고 있다.

"그들은 내가 어디에서 살았고, 어디에서 자랐는지, 나의 유년 시절 반려견들을 알고 있고, 6학년 여름에 나를 좋아하던 주근깨 있는 소년을 기억하는 유일한 사람들이야. 근데 나는 그들에게 나의 어려움과 내가 생각하는 것들을 말하지 않을 것이고 그렇게 하기를 원해. 진실하지 않은 것이 아니니까. 나는 그들과 함께 있으면 완전히 섞이게 되기도 해. 내 인생의 이 시점에서 내가 생각하고 느끼는 모든 것을 그들에게 알려 줄 필요도 없이 우리는 서로 웃고 즐기거든. 이러한 깨달음은 매우 자유로웠고 친구들과 있는 나의 시간이 너무나도 특별하게 만들어 주었으니까."

샐리는 자신의 특정한 부분을 특정한 사람들과 공유하는 것을 너무나 좋아하고 그러한 방법이 편안하고 안전하다고 느낀다. 그녀는 여기에서 현명하게 선택하고, 이러한 선택으로부터 엄청난 만족을 얻는다. 샐리는 모든 관계에서 자신의 모든 부분을 공유하는 것이 필요했다는 믿음을 버리는 것이 자유로워지고 그러한 관계 안에서 조화를 이룬다는 것을 알았다. 우리 모두는 친밀감이 필요하지만 친밀해지는 방법은 사람에 따라 다르고, 또 내용에 따라 다르다. 때로는 소극적인 것을 즐기는 것이 편할 수 있다. 샐리는 의식적인 선택에 바탕을 두게 되어 만족스러운 균형을 찾게 되었다.

상황에 따라 당신은 조금 더 자신을 압박해야 할 수도 있다. 자신을 좀 더 공유해야 할 수도 있고 행동해 왔던 방법을 바꿔야 할 수도 있다. 아마도 이제 당신은 다르게 보이는 것에 대하여 두려워하지 않을 것이다.

관계가 더욱 건강할수록 그것들이 당신의 모든 필요를 충족시킬 필요는 없다. 다른 사람들은 당신의 모든 것을 이해할 필요가 없을 것이다. 함께 영화를 보러 가고 싶은 친구들이나 좀 더 친밀감을 공유하고 싶은 사람들이 있다. 그것은 나쁜 것을 숨긴다는 것이 아니고 좋은 것을 선택한다는 것이다.

취합하기

다음의 이야기는 다른 사람에게 자신을 드러내면서 진실되게 살아가기 위하여 공간을 만들고 자신에게 귀를 기울이며 선택하는 것을 다루고 있다. 신디의 이야기는 지금껏 이 책에서 다루고 있었던 여러 개념과 실천의 최고 정점이라고 볼 수 있다.

신디의 이야기: 무대 중앙을 차지하기

45세 신디는 만성적인 주의력 장애와 더불어 세심한 관리가 필요한 자가면역질환을 가졌다.

신디는 남편과 늘 즐겼던 활동적인 휴가로 인하여 점점 더 어려움을 겪고 있었다. 지난 몇 년 동안, 신디는 휴가 계획에 대하여 승낙했지만 참여하지는 않았다. 그러한 상황을 남편에게 말하는 대신에 그녀는 마지막 순간에 계획을 취소하기 시작했다.

그녀는 점점 더 자기 자신, 남편, 결혼, 이러한 휴가에 좋지 않은 감정을 느끼게 되었다. 남편은 이러한 그녀의 설명할 수 없는 갑작스런 취소에 점점 더 화가 나게 되었다. 비록 남편은 그녀의 고통을 이해하고 연민을 느꼈지만, 그녀가 내면에서 무엇을 겪고 있는지 전혀 알지 못했다. 그는 생각과 반응을 그녀에게 맞춰 줄 기회가 없었다. 신디는 그의 즐거움을 망치고 싶지 않았지만, 결국에는 그녀가 애써 막으려고 했던 것으로 끝나게 되었다.

진실은 신디가 관심을 가지고 있는 것들이 매우 많았고 여전히 남편과 함께할 수 있었다는 것이다. 신디는 자신과 남편 둘 모두에게 효과가 있고 상황을 악화시키지는 않고 단지 다르게 즐길 수 있는 새로운 방법을 찾아야만 했다. 상담사와 자치 집단의 지원으로 그녀가 기대했던 새로운 여러 대안을 찾았다. 다른 수준의 여행과 다양한 활동을 할 수 있는 크루즈 여행에 적응하기 시작했다.

처음 신디가 조용히 크루즈 여행을 말했을 때, 남편은 "그것 좋겠네."라는 반응을 거의 보이지 않았다. 그들이 공유할 수 있는 것을 가지고 상황을 좀 더 좋게 만들려면 그녀가 남편에게 더 많은 시간과 관심을 요구해야 한다는 것을 깨달았다.

신디는 진실되게 되돌아보고 자신에게 물었다.

- 내가 상대하기 쉬운 사람이 되거나 문제가 없는 사람이 되기 위하여 입을 다물어야 할까?
- 내가 말하고 싶은 것은 뭘까?
- 나는 무엇이 일어나길 원하는 걸까?
- 나는 그가 무엇을 이해하기를 원하는 걸까?

신디는 다시 시도했다. 재빠르게 그녀 내면의 반응을 확인하는 법을 배우는 것이 언제 그녀가 철수하거나 가장하는지를 파악하는 데 도움이 되었다. 그녀는 등이 움츠러들고 낙담하는 느낌들을 알아차렸다. 그러한 것들은 그녀에게 짧은 메시지가 되어 더욱 깊이 들여다보고, 더 강하고 더 직접적이고, 보다 온전한 목소리로 표현하게 되었다.

다음으로, 그녀는 자료들을 인쇄해서 주방 테이블에 올려놓았다. 그녀는 그가 자리에 앉으면 그에게 그것을 가리켰다. 그는 그것을 힐끗 본 다음 "재미있어 보이네."라고 말했다. 그녀는 나아가서 크루즈 여행에 대해 논의할

> 구체적인 시간과 날짜를 만들었다. 이러한 대화에서 신디는 그에게 명확하고 직접적으로 자신이 크루즈 여행을 원하고 왜 이런 결정이 그녀에게 중요한지를 설명했다.
>
> 그녀가 필요한 것은 다음과 같았다. "자기야, 나 여기 있어. 나도 욕구와 원하는 것을 가지고 있고 이것에 흥미가 있어. 내가 누구인지, 나에게 매력적이고 진실된 것이 무엇인지에 대하여 생각해 보았어."

신디 이야기를 좀 더 해 보자. 이러한 상호작용은 실제로 그녀의 결혼생활을 악화시키기보다는 향상시켰다. 왜 그녀가 마지막 순간에 휴가를 망치는지 이해하지 못하던 남편에게 그것은 상황을 더 명확하게 만들었다. 또한 신디에게 그녀 삶의 다른 부분에서도 이러한 방식을 계속할 수 있다는 자신감을 주었다.

이 이야기는 한 여자가 자신의 진정한 욕구를 숨기고, 내면적으로 그리고 결혼에서 고통을 일으키는 방식으로 행동하는 것에 대한 자신의 감정을 무시하는 행동을 어떻게 멈추었는지를 보여 준다. 그녀는 크게 변화를 줄 필요가 없었다. 그녀의 모든 관계에서 큰 문제는 없었다. 그녀는 그녀의 삶에서 명확하고 지속적으로 필요했던 것들을 언급하는 것을 회피하거나 물러나거나 도망가려고 하는 순간을 자각할 필요가 있었다.

제9장 요약

- ADHD를 가진 여성으로서 대담한 삶에 발을 들여놓는 것은 당신이 가능한 한 진실해지고 자신에게 맞춰지는 연습을 할 것을 요구할 것이다. 당신은 마음챙김의 진실함을 연습하고 좀 더 당신 자신을 드러내는 연습을 함으로써 그렇게 할 수 있다.
- 마음챙김의 진실함은 당신 자신을 좀 더 다른 사람들과 함께할 수 있도록 도울 수 있는 연습이다. 이것은 당신이 무엇(신체 스캔과 같은 것)을 경험하고 있는지를 알아차림과 어떤 행동들이 그러한 순간에 당신이 할 필요가 있는 가장 적합한 반응인지를 결정하도록 요구한다.
- 의도적인 노출은 더 진정한 삶과 연결하기로 이동하는 것을 연습하는 또 다른 방법이다. 질문하기, 감찰하기, 선택하기 세 가지 단계가 있다.
- 약간의 용기, 인내심, 연습을 통해서, 당신은 ADHD를 가진 독특하고 온전한 여성으로서 온전하게 자기 자신이 될 수 있다는 급진적인 생각을 실천하기 위해 순간순간 실용적인 조치를 취할 수 있다.

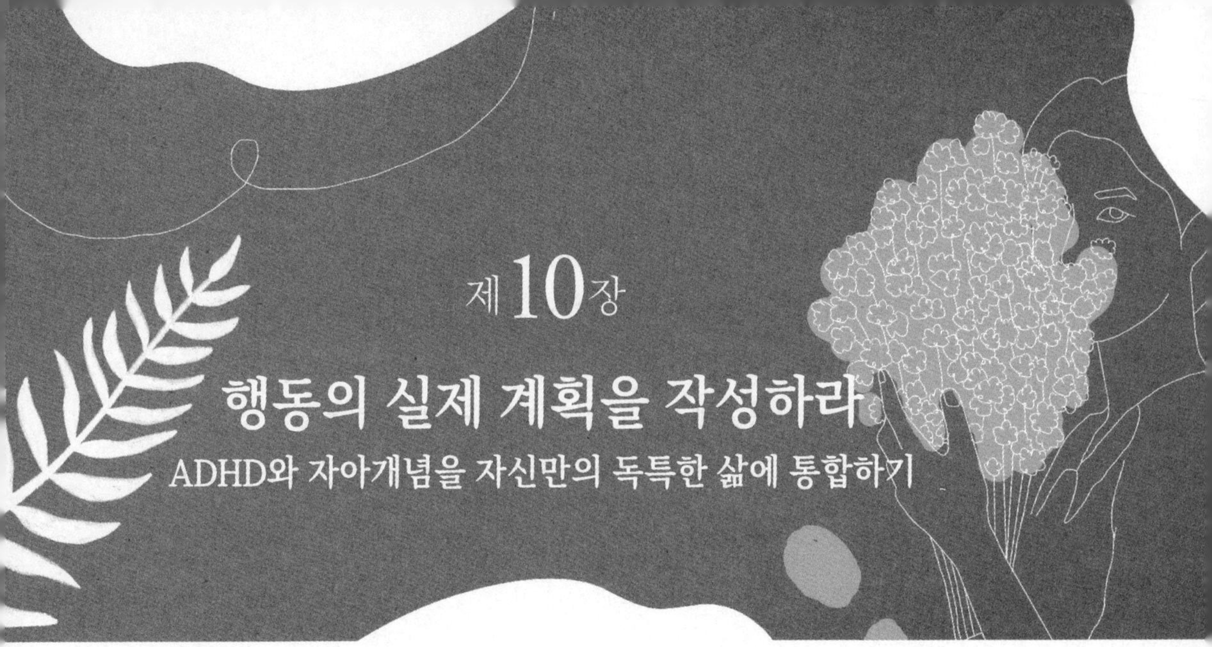

제 10 장

행동의 실제 계획을 작성하라

ADHD와 자아개념을 자신만의 독특한 삶에 통합하기

보라. 우리는 그것을 현실로 만들고 있다. 우리는 모든 해답을 가지고 있지는 않다. 당신은 두뇌, 신체, 욕구에 있어서 유일한 권한을 가진 지휘자이다. 효과적인 ADHD 관리는 개인마다 매우 다르다. ADHD를 관리하는 올바른 방법은 없다. 오로지 당신만의 길이 있을 뿐이다.

저자인 우리는 당신의 ADHD 지원 계획을 작성하도록 돕고 싶다. 그러나 급진적인 접근의 일환이나 전통적인 조언과는 달리, 우리가 만든 전략들이 당신이 참여했던 불안정한 과정들을 앞서거나 대체하지 않고 그냥 따라갔을 때 가장 효과적임을 알게 되었다. 간단히 말해서, 당신 마음의 절반가량이 마음속 비판자와 억압자들을 대처하느라고 정신이 없다면 효과적으로 그러한 전략들을 유지할 수 없다. 얽힘을 해결하는 과정을 통해 당신 삶, 새로운 삶의 이야기, 새로운 비전을 확고히 하고 대담하고 충분한 지지를 받는 삶을 영위하기 위한 새로운 비전을 주장할 준비가 이루어지게 된다.

전통적으로, 약물복용 후에는 ADHD 치료는 막연하게 '전략'이라고 언급되는 것의 개발에 초점을 둔다. 이러한 접근법을 애써서 시도하는 것이 마치 당신 자신을 고치기 위한 방법인 것처럼 적용이 된다면, 사기를 떨어뜨릴 수 있다. 당신만의 두뇌와 당신만의 개인에 대한 하나의 딱 맞는 사이즈는 없다.

최고의 접근법은 당신만의 전략을 짜고 전문적인 도움을 받는 것이다. 그렇지 않으면 ADHD를 제대로 관리할 수 없다고 결론 내릴지도 모른다. 따라서 우리가 당신이 통합된 ADHD 지원 계획을 만드는 것을 돕기 전에 여성들이 도움을 요청하면서 맞닥뜨리게 되는 몇 가지 공통적인 고착점을 검토하고자 한다.

ADHD를 가지고 성공하는 방법: 교착시에 이것을 다시 보라

이 책을 통하여 당신이 한 작업은 당신 내면의 힘과 완전히 새로운 방법으로 ADHD 지원을 찾을 필요가 있는 담대함을 갖게 해 줄 것이다. 일단 당신은 ADHD를 가지고 있는 완벽하고 가치 있는 여성으로서, 자신을 좀 더 완전하게 살아가도록 자유롭게 하는 작업을 한 후에 당신의 어려움, 증상들, 선택들에 대해 다르게 생각할 수 있다는 것을 알게 될 것이다.

무엇이 효과적인지 평가하기

만약 당신이 ADHD를 가진 여성에게 그녀가 지원이라는 측면에서 무엇이 필요한지를 물어본다면, 그녀는 "나는 몰라요."라고 반사적으로 대답할 가능성이 높다. 특히 ADHD를 가진 여성의 초기에 특히나 사실이지만, 이것은 삶이 바뀌거나 한 번 효과가 있었던 것들이 갑자기 부족해질 때에 언제든지 나타날 수 있다. 다음은 당신에게 그러한 순간들을 안내하기 위한 몇 가지 고려사항이다.

성찰: 당신이 어떤 지원을 필요로 하는지를 모를 때

다음 질문들을 재사용해 보라. 대답을 쓰기 전에 질문들을 사진 찍어 두거나 복사해 두고 이 질문들을 다시 읽어 보라.

당신의 상황이나 어려움 중 어떤 요소가 ADHD와 관련이 있는가? 어떤 것이 관련이 없는가? 그것이 항상 ADHD 문제는 아닐 수 있다.

지원을 요구하거나 ADHD가 당신을 힘들게 하고 있는 것에 대하여 무슨 문제를 가지고 있는가? 당신은 이것을 어떻게 고칠 수 있는가?

당신을 아무것도 할 수 없게 압도시키거나 멈춰 버리도록 유도하는 특정한 것들이나 상황은 무엇인가? 그러한 극적인 변화의 지점을 스스로 인식한다면 그런 것들을 다루기가 더 쉬워질 것이다.

지금 당장 당신이 자신의 욕구에 초점을 두기 위하여 당신이 다른 사람을 위해 지금 하고 있는 것을 재평가하고 새로운 경계를 만드는 데 싸우는 것이 도움이 되는가?

어떠한 경우에 당신은 증상을 숨기거나 욕구를 부정하면서 열심히 애를 쓰고 있는가? 당신이 편안하게 느끼는 것보다 더 많은 것을 공개하지 않으면서, 지원(도움)을 요구하거나 욕구를 가질 수 있다.

당신은 최적으로 행동하기 위하여 어떤 종류의 자극이 필요한가(아니면 부족한가)? 엄청난 자극과 충분하지 않은 자극 사이에는 종종 약간의 차이가 있을 뿐이다. 균형을 잡으라.

어떻게 하면 당신의 정신적 · 육체적 에너지의 최고점을 만들 수 있는가? ADHD로 슬럼프에 빠졌을 때는 정신적인 에너지가 요구되는 작업을 계획하거나 집중하지 말라. 매 순간 이것이 기본적인 마음가짐 태도이다.

당신은 직접적인 또는 가상의 지원(동료 친구) 또는 전형적인 또는 전략적인 도구(상기 시스템)가 필요한가? 아니면 행동 계획을 브레인스토밍하도록 도울 수 있는 도구가 필요한가? 다른 시스템이 필요하지 않을 수도 있고, 그보다는 아마도 당신은 그것을 치우고 대화할 친구가 필요할 것이다.

이러한 순간에 당신은 무엇을 피할 것 같은가? 만약 당신이 경험하고 싶지 않은 것을 확인할 수 있다면, 당신은 좀 더 쉽게 인내할 수 있는 쉬운 행동 단계로 넘어갈 수 있다.

큰 변화 대신에 타협하거나 작은 조정을 할 수 있는 여지는 어디에 있는가? 아기를 목욕물과 함께 버리지 마라!

당신의 몸은 당신이 무엇을 필요로 한다고 말하고 있는가? 당신이 수분, 영양분, 휴식, 포옹을 공급받지 못하면, 두뇌는 당신을 위한 연료를 가지지 못하게 된다.

무엇이 당신을 가장 활기 있고, 중심에 있다고 생각하게 하며, 능력이 있다고 느끼게 만드는가? 선택하라. 매번, 매일.

렌즈를 확인하라

ADHD를 가진 여성을 논할 때 우리는 이상주의적인 방식으로 신경 전형적인 사람들의 수행을 묘사하는 경향이 있다. 종종 우리 자신을 그들의 기능 수준과 비교하는데, 그것은 미화되어 있으며 대부분의 사람에게도 지속적으로 기능할 수 없다. 익숙한 말로 들리지 않는가? 당신의 신경 다양성을 받아들이라.

내부자의 지혜: 당신의 시야가 흐릴 때

우리가 함께했던 여성들의 안목이 흐려지고 설 자리를 다시 찾아야 할 때, 도움이 될 수 있다는 것을 알게 된 보석 같은 지혜가 여기 있다. 제공된 공간에서 도움이 되거나 용기를 북돋워 주거나 바탕이 될 수 있는 ADHD에 관한 다른 어떤 지식이라도 추가해 보아라.

- '충분히 좋다'는 것을 정의해 보고, 그것을 넘어서지 말라.
- 꼭 해야 한다고 해서 반드시 그것을 해야 할 사람이 되어야 하는 것은 아니다. 분명 당신 혼자만 그런 것은 아니다.
- 당신은 ADHD를 갖고 있다. ADHD와 관련된 어려움과 필요한 것들에 대하여 스스로 느끼도록 해 보라.
- 완전한 불완전성을 목표로 하라.
- 너그러워지되 '비교는 자신에 대한 폭력이다'라는 것을 기억하라(Vanzant, 2013).
- 대부분의 사람은 어려움을 겪고 있다는 것을 숨긴다. 소셜 미디어는 무대 뒤의 모습이 없는 개인의 최상의 모습을 보여 준다.
- 다른 사람의 성공이 당신이 실패했다는 것을 의미하지는 않는다.
- 원하는 것을 추구하지 않으면, 결코 얻지 못한다.
- 자신만의 모토, 인용문 또는 영감을 주는 말을 기록하거나 그림으로 그려 보라.

창의적으로 되라

ADHD를 가진 여성들은 독특한 두뇌 기반에 종종 비효율적인 엄청난 생각들을 제시하는 가장 최신의 조직화되고 생산적인 전략들에 대한 잡지들과 책들을 가지고 있다. 당신의 독특한 두뇌를 위해 설계되지 않은 일상적인 것들과 전략들에 맞추려고 애쓰지 마라. 지지 시스템을 개별화하고, 당신이 올바른 이유로 특정 방법을 사용하고 있다는 사실을 분명히 하라.

내부자의 지혜: 전략이 효과적이지 않을 때

전에 효과적이던 전략들이 더 이상 핵심을 찌르지 못할 때, 답답해질 수 있으며, 그것들은 사용하기에 '적절한' 도구인 것처럼 보이지만, 당신의 ADHD 두뇌에는 장착할 수 없는 것처럼 보일 수도 있다. 당신의 전략들이 실패했을 때 답답함에서 벗어날 수 있는 몇 가지 지침이 있다.

- 지속적으로 부족하더라도 언제 당신이 그러한 전략들이 효과가 있을 것으로 예상하는지 찾아보라. 이것은 당신의 잘못이 아니며 올바른 접근 방법도 아니다.
- 조직화된 시스템이 괜찮아 보인다고 해서, 또는 어떤 특정 시스템이 사무실에 있는 모든 사람에게 효과가 있을 것 같다고 해서 그것을 계속 사용해야 한다는 의미는 아니다.
- 당신은 그것을 하기 위해 무언가를 하고 싶어 할 필요가 없다. 제7장에서 안락지대(comfort zone)로 넘어가는 얘기를 기억하라. 새로운 것을 시작하거나 시도하는 불편함을 견딜 수 있는 가장 정확한 곳을 찾은 후 작은 행동 하나를 선택하라.
- 그러한 활동이 좀 더 호감이 갈 수 있게 움직임, 자극 또는 보상을 추가할 수 있는가? 좀 더 호감이 가는 활동을 하고 당신을 덜 즐거운 일들로 밀어 넣으라.
- 전략적으로 자연스러운 분위기를 띨 수 있게 해 보라. 운동이나 재미있는 활동 후에 어려운 일에 도전하라. 아름다운 공원에서 지루한 전화를 해 보라.
- 때때로 휴식은 가장 생산적인 것이 된다. 휴식을 취한 다음 수정된 계획을 떠올려 보라.
- 끊임없이 시도하라. 당신은 이 여정이 불완전하더라도 그만둘 권리가 있다. 떨어지고 뒤로 물러나더라도, 새로운 것을 다른 방법으로 시도해 보라.

ADHD 지원 필수 사항

각 개인의 치료는 각자 독특하기 때문에 개별화되어야 하지만, 진단 후에는 필수적이며 기본적인 ADHD 구성 요소들이 있다. 업무와 관련한 약속, 책들, 지지 집단을 통한 방향을 결정하는 것은 벅찰 수 있고 압도당하기 쉬워 이전의 원래 있던 상태나 대처 메커니즘으로 돌아가기 쉽다. 이번 절에서 당신은 ADHD 관리의 기본 가이드에 대한 당신만의 통합된 지원 계획 정보를 찾게 될 것이다.

ADHD 지원 필수 항목에 대한 권장 자원 목록은 온라인 사이트(http://www.newharbinger.com/32617)를 참고하라. 다음 몇 가지를 즐겨찾기에 추가했다.

약물치료

현재 ADHD라고 불리는 신경생물학적 질환으로 진단된 대부분의 사람은 적어도 어느 정도는 약물치료의 도움을 받고 있다. 약물치료가 만병통치약이 아니고 모든 경우에 효과가 있는 것은 아니지만, 진단을 받은 정신과 약물치료와 관련된 상담은 좋은 방법이 될 수 있다. 우리가 찾은 가장 유용한 정보 하나를 할로웰과 레이티 박사(Hallowell & Ratey, 1994)가 설명해 주고 있다.

> ADD(ADHD) 치료를 위하여 우리가 사용하는 다양한 약물치료는 개인들의 삶의 질을 극적으로 향상시킬 수 있다. 안경이 근시인 사람을 돕는 것처럼 약물치료는 ADD(ADHD)를 가진 사람들이 세상을 더 명확히 볼 수 있도록 도와준다(235).

우리 저자들은 ADHD를 가진 성인들을 위한 약물치료의 목적은 삶을 좀 더 쉽게 만드는 것이라고 믿는다. 이러한 의도는 외부의 기준에 판단하여 수행을 더 잘하는 것뿐만 아니라, ADHD로 인한 손상된 내부 상태를 감소시키는 것이다.

당신 지역에서 이용 가능한 자원들에 따라, 두뇌에 효과가 있는 약물치료나 약을 찾기 위하여 정신과 의사와 치료하는 것이 최선인 경우가 많다. 이 과정에는 시간, 시행착오 그리고 인내심이 필요할 수 있다. 이것의 목적은 당신을 변화시키려고 하는 것이 아니라, 좀 더 쉽게 당신 자신이 되어 최소한의 부작용으로 기쁨을 느끼도록 하는 것임을 기억하라. 특히 성인 여성들의 ADHD에 관한 지식을 가지고 있는 사람들을 찾는 것이 어려울 수도 있기에 이 분야 전문가의 경험을 묻는 것이 중요하다.

전문가와 당신에게 효과적인 약물치료를 찾은 후, 상황이 복잡하지 않다면 더 효과가 있거나 주치의의 동의하에 일반 의사가 처방전을 발급할 수 있다.

당신은 자신이 전문가라는 것을 기억하라. 요구를 주장하는 것에 대하여 두려워하지 말라. 당신의 관심사를 제시하고 질문을 하라. 만약 의사가 여러 조언과 지시를 한다면, 핸드폰으로 녹음하거나 메모하여 달라고 요청하는 것도 생각해 보라. 필요하다면 다른 의견을 얻어 보는 것도 괜찮다. 좀 더 과감해지고 스스로에게 옹호자가 되라.

환경에 적응하기

때때로 환경에 단순한 적응이나 자극의 정도에 따라 ADHD 증상을 개선하는 데 큰 차이를 만들 수 있다. 만약 효과가 없다면 애써 그것을 하려고 시도하지 말라. 당신은 항상 완벽하게 환경을 바꿀 수는 없지만, 종종 작은 조율만으로도 ADHD에 친화적인 세팅을 할 수 있다.

내부자의 지혜: 공간 조정이 필요한 경우

여기 당신의 두뇌를 위해 환경을 효과적으로 만들 수 있는 방법을 생각하게 만드는 몇 가지 아이디어가 있는데, 이것은 ADHD에 친화적이지 않은 환경에서 굳이 두뇌를 맞추려고 하는 것을 멈출 수 있게 한다.

- 예를 들어, 가구 배치를 생각해 보라. 어떤 사람들은 벽을 멀리서 마주 볼 때 더 일을 잘하고, 다른 사람은 가능한 한 적은 시각적인 자극이 필요하기도 하다.
- 당신이 업무 처리에서 힘들어지면 누군가에게 함께 있어 달라고 요청해 보라. 심지어 그들이 주위에서 뭔가 다른 일을 하고 있더라도 말이다.
- 소음을 제거하는 헤드폰과 다양한 형태의 백색소음을 접해 보라.
- 조명을 조절하라.
- 안절부절못하는 것을 최소화하기 위하여 의자의 높낮이나 밸런스 볼을 사용하라.
- 당신이 원하는 방식으로 다른 사람들이 행동하는 곳으로 가라(댄스 교실, 명상 교실, 커피숍, 동료 공간).
- 좁은 방이라도 파티션 설치를 요청하거나 회의실 이외에서 작업할 수 있도록 요구하라.
- 청각적인 프롬프트 외에 시각적인 단서를 사용해 보라.

재조정

이것은 특히 많은 사소한 문제를 처리하면서 ADHD를 관리하거나 지나치게 수용적인 성향이 있는 선천적으로 타인을 돌보는 사람들에게 어려운 일이다. 당신은 당신의 등급을 주기적으로 다시 조정해야 한다는 것을 알게 되었을 것이다. 그리고 균형은 해당 순간의 자원에 따라 스트레스 요인의 비율에 따라 다르게 보인다. 이것은 엄격한 과학은 아니다. 마음챙김의 진실함과 의도적인 선택하기는 자신을 안정시키는 데 도움이 된다. 당신을 더 좋게 만드는 것부터 시작하라. ADHD 코치인 레지나 캐리(Regina Carey, 2016)는 “무엇이 당신에게 에너지가 되고, 무엇이 그 반대가 되는지를 보라.”라고 했다. 모든 것에 당신을 희생하는 것 대신 당신을 더 강하게 만들어 주고 에너지를 유지시키는 것을 선택하라. 연료 탱크의 구멍을 인식하고, 그 대신 당신이 사랑하는 것으로 그것들을 다시 채우라.

전략

저자들인 우리가 당신에게 "이것은 전략서가 아니다."라고 말한 것을 기억하라. 여전히 그렇지는 않다. 이미 우리의 소중한 동료들이 가지고 있는 훌륭한 자원들이 여기 있다. 온라인 사이트(http//www.newharbinger.com/32617)에서 제공하는 것들을 보라.

분명히 해 두지만 ADHD를 가지고 있는 뇌를 치료하는 데 있어서 구체적인 도구나 규칙 또는 전략들의 중요함을 무시하는 것은 아니다. 단지 우리는 그것들이 효과적이 되도록 고통 대신 그것들이 개별화되어야 하고, 힘의 원천에서 나와야 한다는 것을 말하고 있다. 다음에서 몇 가지 유용한 기본 원칙을 찾을 수 있다.

내부자의 지혜: 유용한 전략의 기본 원칙

기본적으로 대부분의 전략은 다음과 같은 제안들과 관련이 있다. 당신의 ADHD 지원 계획에 접근하는 방법을 기반으로, 그리고 그것들을 당신의 요구들과 선호하는 것들에 개별 맞춤을 위하여 이러한 핵심 전략들을 사용하라.

- 단순화시켜라(간단하게 유지하되 생생하게 하라).
- 외부 리마인더와 단서를 사용하라. 당신이 생각한 것보다 더 필요하다(아마도 훨씬 더 필요하다).
- 더 재미있게 놀라(훨씬 더).
- 주장하라. 건강한 경계를 설정하라. '어디에 선을 그을지' 아는 것(Katherine, 2000)은 종종 과소평가되거나 덜 사용되는 전략들이다. 이것은 경계 설정을 위한 탄탄한 시장이 있다는 의미이며,

지금이 바로 뛰어들 절호의 기회이다(나중에 스스로에게 감사할 것이다).

- 당신만의 독특한 '주의 패턴'을 찾으라. 그래야 당신은 어떤 조건에서 당신의 뇌가 가장 잘 작동하는지 알게 된다(Markel, 2012)(너 자신을 알라).
- 자극에 대한 스트레스와 크기의 균형을 잡아라(그렇다. 그러한 경계를 설정하는 것을 의미한다).
- 시간을 정확하게 인식하는 문제를 예상하라(그리고 아마도 그러한 문제를 예상하는 문제를 예상하라).
- 활동적이며 몸을 즐겁고 힘차게 움직이게 하는 방법을 찾으라(기존에 싫어하는 운동을 하는 것을 멈추라. 그만하라).
- 동기를 꾸는 사람들과 연결하라(그렇다. 당신은 처음에는 불안할 것이다. 도약하라).
- 당신의 능력 안에서 시간을 우선시하라(경계를 설정하고 다시 설정하라).
- 영양을 잘 섭취하라. 아마 단백질은 더 먹고 설탕은 덜 먹을 것이다(이 점은 미안한 부분이다).
- 동기를 부여할 것을 찾으라(강아지나 사람들과 함께 놀기).
- 당신 주위 환경을 조정하라(우리가 전문적인 기획자를 좋아한다고 말했는가? 그렇다. 스물한 번이나).
- 잠자리 환경 위생을 개선하라. 그렇게 하기 위하여 당신이 해야 할 모든 것을 하라. 수면장애는 ADHD가 있는 모든 사람에게 문제이고 수면 부족은 그러한 증상을 악화시킨다(올빼미, 당신에게 말하고 있다).
- 치과에 가라. ADHD는 숙면을 방해할 수 있는 치아 마모와 관련이 있어 보인다(환한 미소).
- 자주 멈추라. 의도적으로 선택하라(매우 마음챙김적으로 들리지 않나? 흐름에 편승하라. 아무데도 가지 않는다).
- 내면 응원자의 볼륨을 높여라. 당신이 생각하는 모든 것을 믿지 말라(하지만, 응원자를 믿으라. 그녀는 응원나팔을 들고 있다).
- 무언가를 하기 위하여 항상 기분이 좋을 필요는 없다(아프지만 사실이다).
- 유머 감각을 유지하라. 웃는 것은 훌륭한 마음챙김 기술이고 다른 사람과 웃음을 공유하는 것은 믿을 수 없을 정도로 힐링이 된다. 사실 이야기를 공유하는 방법으로도 수치심을 치유할 수 있는 효과적인 전략을 언급한 ADHD 책이 많다(Matlen, 2014).

예산에 대한 도움을 찾아보기

연체료부터 부담금까지 ADHD는 돈이 많이 들어간다. ADHD를 가진 성인은 돈 관리, 충동적인 지출, 연체료, 약물치료 등의 이유로 다른 사람보다 재정적인 어려움을 겪을 확률이 더 크다.

내부자의 지혜: 재정적인 것에 대하여 걱정이 될 때

정신건강 문제와 예산에 대한 ADHD를 관리하는 포괄적인 검토는 매우 체계적인 문제라 별도의 책이 필요하지만, 여기에는 당신이 재정적으로 제한적인 때 고려해야 할 몇 가지 가능성이 있다.

- 서비스나 상품을 교환하거나 거래하라.
- 온라인 과정과 웹 비너에서 생산성과 지지 집단까지 가상지지 지원을 방문하라(http://www.newharbinger.com/32617).
- 직업 훈련과 다른 서비스를 지원하는 정부나 지역사회의 프로그램을 찾아보라.
- 사람들이 서비스와 장점들을 교환하고 공유할 수 있는 지역사회에 있는 좋은 공동체에서 시작해 보라.
- 인터넷에서 제약회사의 쿠폰과 다른 종류의 재정 지원책들을 찾아보라. 의사에게 도움을 요청해 보라.
- 전문가들에게 지불 계획 및 변동 자본(내담자의 지불 능력에 따른 상담비 책정)에 대해 물어보라.
- 비용 절감을 위하여 훈련을 받고 있는, 지도 감독받는 전문가를 찾아보라.
- 지역사회 정신건강 센터를 이용하라. 그곳에는 신청하여 도움을 받을 수 있는 프로그램과 사람들이 있고, 할인된 금액이나 무료로도 많이 제공된다.
- 처음에는 기존에 연구되었던 치료법을 스스로 학습해 보라. 그렇지만 최신이자 최고의 치료법이라고 공언하는 웹사이트들은 조심하라. 치료 방법에 대하여 당신만의 옵션을 신중히 고려하라.
- 당신이 찾은 정보를 치료사와 공유하라. ADHD에 익숙한 치료사를 찾아보라. 당신만의 독특한 욕구와 이력에 기반하여 당신에게 적합할 수 있는 다양한 치료법에 대한 장점과 단점에 대하여 토의해 보라.

여성을 위한 적극적인 ADHD 소통 전략

적극적이고 강점을 앞세운 소통은 ADHD 지원을 위한 최고의 방법 중 하나이다. 다음은 우리의 몇 가지 소통 전략이다.

나도 내가 엉망인 건 알지만, 당신이 뭔데

실제 대화를 시작하는 것이 아니라, 이러한 질문이 관계에서 당신의 권리를 내적으로 요청함으로써 동등한 위치가 될 수 있는 대화를 촉진하게 하는 한 가지 방법이다. 내적으로 이러한 평등을 되찾기 위하여 ADHD가 없는 사람도 완벽하지도 않을 뿐만 아니라, 그들도 단지 다른 면에서 불완전할 뿐이라는 점을 반드시 기억하라. 상호존중은 우리가 추구하는 것이다. 내적 관점을 전환하고 보다 동정적이거나 힘이 실린 자기대화를 사용하는 것은 ADHD 어려움에 대한 소통이 분명하고 권한이 부여된 곳에서 일어나는 데 도움이 될 수 있다.

사실일 뿐입니다. 부인

당신을 부정적으로 특징짓는 것 말고 힘든 점들과 필요로 하는 것들로 당신을 묘사해 보라. 가능하면 문제들 말고 해결책을 제시하거나 어떻게 하면 당신이 다른 옵션들과 협력적으로 브레인스토밍이 가능한지 물어보라. 예를 들면, 다음과 같다.

- "나는 듣기만 하면 복잡한 지시 사항 등을 기억하는 것이 어렵습니다. 당신이 무슨 말을 하는지 적을 수 있다면 도움이 될 것입니다."

- "이러한 방법들을 이메일로 보내 줄 수 있나요? 그러면 고마울 것입니다."
- "나는 회의 전에 나의 생각을 글로 적었을 때 가장 효과적입니다. 아침에 하는 것보다 점심 먹고 만날 수 있을까요?"

네, 그리고

'그리고'를 더 자주 사용하여 일부분을 전체적으로 만들어 보라. 이를 통해 당신과 듣는 사람들이 보다 균형 있고 현실적이며 통합된 관점을 가질 수 있다. 다음과 같은 말을 해 보라.

- "저는 능숙하지만, 무언가를 정리하는 것은 어렵습니다."
- "저는 이 일의 이 부분의 작업은 할 수 있는데 다른 부분은 도움이 필요해요."
- "저는 조직화를 잘하지 못하지만 따뜻하고 사랑스런 가정을 만드는 데 매우 능숙합니다."

홍수가 나면 더 높은 곳을 찾으라

토론이 격렬해질 때 사람들이 감정과 물리적 반응에 빠져드는 것은 당연한 것이다. 이러한 경우에는 즉각적으로 모든 회로가 작동하면서 폭발 직전까지의 감정을 느끼며 심리적으로 더욱 합리적인 생각을 할 수 없다. 우리는 잠시 휴식을 취하고 사고가 명확해졌을 때 후에 그 문제에 대해서 다시 접근할 수 있다. 모든 것을 즉각적으로 해결하려고 하는 충동을 느끼지만, 일단 그러한 합리적인 단계에 도달하면 그러한 노력이 훨씬 더 나은 결과를 얻을 수 있다.

지원

ADHD를 가진 여성들은 종종 도움을 요청할 때 궁핍하거나 의존하는 느낌에 대해 이야기한다. 이것은 분명히 그런 경우는 아니다. 관계 내에서 욕구를 가지고 그것을 표현하는 것은 괜찮다. 사실 건강한 관계에서 상호의존적이고 서로에게 기대는 것은 필수적이다. 이것은 우리에게 뿌리와 날개를 함께 준다는 것이다. 당신이 부탁한다면, 누가 흔쾌히 당신을 도와줄 것인가?

다양한 상황에서 필요로 하게 될지도 모르는 전문적인 지원들에는 보조원, 코치, 주최자, 회계사, 가정부, 어머니를 돕는 도우미, 의사, 그리고 물론 치료사들이 포함된다.

지원을 받게 되는 대부분의 경우는 치료사와의 작업이 될 것이다. 도움을 요청하는 것은 대담한 행동이다. 치료를 받는다는 것은 많은 오명이 있을 수 있다. 대부분의 사람은 어느 정도의 양면성과 상당한 불안감을 가지고 그 과정에 들어간다. 하지만 좋은 치료사들은 당신이 느낄 수 있는 모든 감정을 느낄 수 있게 안정감 있는 공간을 제공한다. 궁극적으로 치료의 가장 치유적인 요소는 치료관계의 질이다.

ADHD에 대해 지식이 있거나 최소한 배우는 것에 개방적인 치료사들을 찾는 것이 중요하다. 불행히도 비우호적인 ADHD 치료사들은 지각과 같은 증상을 치료에 대한 기저에 있는 감정을 나타내는 것으로 잘못 해석하는 것으로 알려져 있다. 그들은 무시당하는 느낌을 주는 조언들을 함으로써 ADHD 증상을 고치려고 할 것이다("이런, 내가 왜 그런 생각을 하지 않았지?"). 이것은 우리의 잘못이 아니다. 그러한 잘못은 ADHD에 대한 훈련이나 경험이 많지 않은 나쁜 의도가 없는 전문가들에 의해 일어난다.

당신의 치료사를 정말로 좋아하지만, 이러한 장애물이 생겼다면 걱정하는 것에 대하여 직접 말하는 것을 두려워하지 말라. 왜냐하면 이것은 오래된 상처를 치유하는 대신 어느 정도의 수치심과 답답함을 불러일으킬 것이기 때문이다. 자신에 대해 주장하고 당신의 ADHD 필요에 대해 목소리를 내는 것은 아주 강력하고 교정적인 경험이 될 수 있다.

강점

당신의 강점은 ADHD를 가지고 성장하고 있는 친밀하고 의미심장한 부분이어서 우리는 이 책 전반에 걸쳐서 당신의 강점을 식별하고 최적화시키는 것에 대한 많은 정보를 통합하였다. 편집자가 말하기를 제한된 단어 수가 있기 때문에, 자세한 내용은 온라인 사이트(http://www. newharbinger.com/32671)를 참고하라.

이 책 머리말의 저자인 엘런 리트만(Ellen Littman, 2018)의 다음 인용문은 당신의 장점을 아우르고 있는 우리의 관점을 아름답게 표현한다.

> 우리는 바람의 방향을 바꿀 수는 없지만 항해는 조정할 수 있다. ADHD를 가진 여성은 뇌의 구조를 바꿀 수는 없지만, 다른 렌즈를 통하여 그들의 경험을 재구성할 수는 있다. 그들의 고유한 강점과 태도를 포용하는 법을 배울 수 있고, 비선형적인 생각을 만들어 내는 것을 축하할 수 있으며, 자기수용에 바탕을 둔 새로운 우선순위를 세울 수 있고 번성할 수 있는 ADHD 친화적인 환경을 찾을 수 있다.

ADHD를 가진 통합적인 여성

ADHD를 가지고 완전하게 성공적으로 살고 있는 '통합적인 여성'들은 강력하고 미리 행동하며 연결되어 있는 내부 공간에서 그들의 도전에 접근하는 경향이 있다. 그들은 모든 것을 파악하지 못하고 있다. 그 대신, 어려움에 직면했을 때 스스로에게 다시 시도할 수 있는 기회를 주고 자신을 붙잡는 법을 배웠다. 왜냐하면 그것은 필연적으로 자신 스스로가 되기 때문이다. 대담하고 일체감 있는 ADHD를 가진 통합적인 여성은 당신이 다음과 같다는 것을 의미한다.

- 자기연민과 무조건적인 수용을 가지고 여전히 고군분투한다.
- 제한된 신념이 어디에서 발생하는지에 대한 긍휼한 이해를 가지고 삶의 새로운 신념을 선택한다.
- 수치심이나 두려움 대신, 가치 있는 것을 따른다.
- 오래된 이야기들이나 두려움들을 받아들이지만 그것에 사로잡히지는 않는다.
- 안락지대(comfort zone)를 넓힐 수 있는 틈이 있는 순간을 찾아 활용한다.
- 당신의 목소리, 공간, 가치를 죄책감 없이 주장한다.
- ADHD를 가지고 용기 있게 계속해서 꿈을 꾸고, 당신의 삶을 계속해서 새롭게 한다.
- 적극적으로 지원을 요청하고, 부드러운 마음으로 어려운 일에 전념한다.
- 당신이나 다른 사람으로부터 오는 수치스러운 메시지에 위축되는 것을 거부한다. 신경 다양성이란 말은 참고 견디는 것이 아니라, 세상이 그것으로부터 유익을 얻는다는 것을 믿는다.

ADHD를 가진 여성들은 용감하고 밝고 대담하게 서로 연결되어 살고 있으며, 우리가 알고 있는 확실한 한 가지는 그것이 서로를 북돋워 준다는 것이다. 혼자서는 ADHD를 다룰 수가 없다.

성찰: 통합하기

이번 마무리 단계에서 우리는 당신이 좀 더 흡수하고 당신의 과거, 현재, 미래의 이야기 조각들을 통합하고 현재 가지고 있는 의문점들에 답을 준다. 어떻게 스스로 효과적인 삶을 창조하는가? 이런 질문에 답하기 위하여 앞선 장들을 복습하는 것이 필요하다. 천천히 하라.

다음의 촉진 진술문을 완성하는 얽힘을 푸는 문장을 작성하라. 이러한 진술문이 나라는 사람과 나의 두뇌에 기반한 어려움을 구분하는 방식이다.
예) 나의 부주의가 나의 인격이 문제가 있다는 것은 아니다.

당신의 장점, 도전, 개인적 특성 그리고 가치관을 포함하여 한 사람으로서 당신에 대한 진술서를 쓰라.

당신의 인생 가치관을 작성하라.

당신의 비전 문구를 쓰라.

요구하고 싶거나 확장하고 싶은 권리들을 확인해 보라.

당신이 해 보고 싶은 새로운 가능성들을 확인해 보라.

더 강한 목소리로 해 보고 싶은 방법을 결정하라.

신뢰 수준을 어떻게 모니터링할지 결정하라.

ADHD의 어려움들 때문에 당신이 필요한 지원 유형을 정확히 집어내라.

당신의 치료팀에 합류시키고 싶은 사람을 결정하라.

____

____

____

환경을 변화시키기 위해 필요한 것들을 설정하라.

____

____

____

성장을 위해 당신의 안락지대(comfort zone)의 가장자리로 데려다줄 몇 가지 작은 단계들을 결정하라.

____

____

____

앞으로 당신이(그리고 누구와 함께) 나아가기 위해 설정해야 할 경계를 확인하라.

____

____

____

이것을 기억하라

우리는 이 장이 매우 특별한 장으로 핵심 포인트를 가지고 마치기를 원한다. 만약 당신이 이 책으로부터 어떤 것을 기억을 한다면, 그것이 몇 가지 단순하고 '혁신적인' 아이디어이기를 바란다. 당신은 이 목록을 매일 볼 수 있는 곳에 붙여 두고 싶을지도 모른다.

- 자신을 고치려고 하는 대신에, 단순히 자신이 되는 것을 배울 수 있다. ADHD를 가진 여성으로서 당신의 독특한 신경배선을 가지고 있음에도 당신이 누구인지에 대해 더 분명해지고 더 자신감을 가질 수 있다. 무엇보다도 ……을 기억하라.
- ADHD는 치료해야 할 질병이 아니라 복잡하지만 성취감 있는 삶에 대한 개별적이고 포괄적인 접근을 요구하는 세상에서의 독특한 하나의 존재 방식이다.

마무리 편지

잠시 ADHD 삶에 대하여 알아보겠다.

ADHD는 하루하루 그 안에서 살지 않는 사람들에게는 이해하기 힘든 방식으로 고통을 주고, 그렇게 사는 사람들에게 설명할 수 없는 방식으로 고통을 준다. 우리를 정말로 실망시킬 수 있지만 괜찮다. 열쇠는 주저앉는 것이 아니라, 부끄러움으로 가득 찬 그 공간에서 어떻게 한 발짝 더 나오는지를 배우는 것이다.

우리는 이 책이 당신이 부정적인 소굴을 만들지 않거나, 거기에 너무 오래 있지 않아도 된다는 것을 깨닫게 하는 데 도움이 되기를 바란다. 당신의 ADHD가 사라지기를 기다리면서 주저앉아서도 안 된다. 당신은 자신을 숨겨서도 안 된다. 자신을 혹사하거나 신경 전형적인 사람들을 위해 애쓰거나 결핍을 채우려고 소진될 필요가 없다. 이번 주에 ADHD 증상이 확 타올랐기 때문에 즐거움이나 자기돌봄을 희생할 필요가 없다. 당신은 이러한 것을 혼자 할 필요가 없다.

충족스러운 삶이란 당신 안에 있는 진정으로 깊이 내부의 당신을 밝혀 주는 것들을 추구한 결과이다. 그래서 여기 큰 아이디어가 있다. 당신은 살기 위해 자신에게 좋게 느끼기 위해 자신을 고칠 필요가 없고 세상에 당신이 누구인지를 보여 줄 필요가 없다. 당신은 ADHD를 가지고 있고 심지어 그것이 괜찮치 않더라도 항상 괜찮을 것이다. 왜냐하면 이것은 단순히 당신 삶의 현실이기 때문이다. 그것은 당신을 정의하지 않으며 단순히 당신의 뇌가 어떻게 연결되어 있는지를 묘사할 뿐이다.

당신이 ADHD 삶의 기본적인 사실들을 근본적으로 받아들이고 인정해야 하는 것처럼, 당신은 또한 다음과 같은 새로운 시각과 그것에 수반되는 몇 가지 중요한 사실들을 수용하는 것을 선택할 기회가 있다.

- ADHD 고통은 당신의 삶에서 계속해서 드러날 것이고, 당신의 강점, 인격, 결단력도 그럴 것이다.
- 당신의 뇌는 다른 사람들의 뇌보다 더 많은 지원과 예방적 보살핌을 필요로 하는데, 이것은 당신이 다른 사람들을 돌보는 방법으로 자신을 돌볼 수 있는 에너지와 집중할 수 있는 기회를 주는 것이다.
- ADHD는 완치가 불가능하기 때문에, 당신은 신경 전형적인 사람이 아니고 앞으로도 계속 그럴 것이다. 아무리 크든 작든 여전히 세상에 기여할 무엇인가를 가진 당신은 세상에서 유일한 존재이다.
- 당신은 치료 및/또는 다른 종류의 전문적인 도움이 필요할 수 있고, 그것은 당신에게 개인적인 탐구를 위한 드문 기회와 다른 사람들을 위한 정신건강 필요를 받아들이는 과정에서 오명을 벗을 수 있는 기회를 제공한다.
- 당신은 약물이 필요할지도 모른다. 그리고 그것은 당신이 누구인지와는 상관이 없다.
- 당신은 필연적으로 판단과 오명에 직면하게 될 것이고, 이것은 자신을 재발견하고 삶을 재창조하며 ADHD를 가진 다른 사람들도 그렇게 하도록 돕는 통로 문이다.

언뜻 보기에 당신에게 ADHD가 생긴 것이 불공평해 보일 수도 있다. 우리는 인생에서 단 한 번의 기회를 얻게 되기 때문에 당신은 ADHD가 당신이 알고 있는 내면의 여성이 되는 데 방해가 될까 봐 걱정할지도 모른다. 당신은 정신없이 시간을 보내고 자신을 더 멀리, 더 빠르게 밀고 나가거나 반대로 뒤로 물러서서 자신 속으로 후퇴하고, 모든 것이 바뀌는 내일이 되기를 바라는 자신을 발견할지도 모른다.

하지만 알다시피, 모든 사람은 고통을 경험하고 일부는 다른 사람보다 더 겪는다. 많은 사람이 큰 성공을 거두며, 어떤 사람들은 다른 사람들보다 더 성공한다. 아무도 실제로 그것을 이루지 못하고 이러한 사실은 만물의 위대한 균형자이므로, 어떤 한 생명도 다른 생명보다 본질적으로 더 가치 있고 특별한 것이 없는 것도 사실이다.

당신이 아마도 자신과 비교하는 신경 전형적인 사람들과 마찬가지로, 당신의 모든 어려움과 포기, 두려움과 강점, 열정과 기발함과 함께 당신은 있는 그대로의 가치와 즐거움을 가질 수 있다. 심지어 건망증, 지각, 혼란스러움 그리고 감정적인 폭풍우가 있다 해도 말이다.

당신은 여기까지 오게 만든 강점을 가지고 있으며, 당신이 아직 제공하지 않은 기여도 있을 수 있다. 당신은 숨겨진 곳의 연결점을 알아차릴 수 있게 돕는 독특한 세상을 인식할 수 있는 방법을 가지고 있을 것이다. 당신은 타인의 차이점이나 어려움에 대한 경험을 깊이 있게 이해하는 능력과 역경 앞에서 의미와 목적을 발견하려는 끈질긴 야망을 가질 수도 있다. 당신은 가족과 공동체에서 당신을 받아들이게 만들 능력이 있을 수도 있고, 자연스러운 기발함은 그러한 점을 밝게 빛나게도 할 수 있으며 다른 사람에게 그들 자신들이 될 수 있게 할 수도 있다.

세상을 다르게 생각하는 여성으로서 기여해야 할 것이 너무 많은 경우, 삶에서 자신을 억제하는 것은 자신에게나 다른 사람들에게나 공평하지 않다.

- 당신은 독특한 관점을 가지고 있다. 공유하라.
- 정신건강 돌봄의 필요를 가지고 있다. 그것을 옹호하라.
- 당신은 틀 밖에 사고를 한다. 다른 사람들에게 그것을 격려하라.
- 당신은 강력하다. 불을 붙이고 빛을 퍼뜨리라!

ADHD는 인생을 다르게 살아야 하는 것을 요구하기 때문에 당신이 부드럽게, 그러나 끈질기게 당신의 안락지대(comfort zone)의 한계를 밀어붙인다면 이것이 변화의 통로가 될 수 있다. 당신은 더 이상 거짓으로 당신을 얽매이게 하고 더 작은 삶에 묶어 놓으려고 하는 고통 속으로 빠져들 필요가 없다. 매일매일 자신이 좀 더 밝고 대담한 삶을 살 수 있게 할 기회일 것이다.

현재라는 시간은 지나가면 없기 때문에, 당신은 또한 당신이 있어야 할 곳과 당신이 되어야 할 인간으로서 시작해야 한다. 결국 그것은 당신의 유일한 버전인 것이다. 그러니 기다리지 말고 앞으로 나아가라. 완전히, 완벽하게, 놀랍도록 불완전한 ADHD의 삶으로 뛰어 들어가 보라. 우리는 당신이 자랑스러워지게 되기를 갈망한다.

ADHD를 가진 여성들이 우리에게 매일 주는 교훈과 영감에 감사하며, 우리는 저자로서 당신에게 라이너 마리아 릴케(Rainer Maria Rilke, 1934, 27)의 격언을 남긴다.

P.S.

우리는 당신의 소식을 듣고 싶다. 언제든지 Solden, Frank, and Associates, P.O. Box 3320, Ann Arbor, Michigan, USA 48106로 편지를 보내 주길 바란다. 아니면 https://www.soldenfrank.com으로 이메일을 보내 주길 바란다. 또한 http://www.newharbinger.com/32617을 방문하여 모든 훌륭한 자원을 활용하길 바란다.

당신의 마음속에 풀리지 않는 모든 것에 인내심을 가지고, 문이 잠기고 전혀 알아듣지 못하는 외국어로 작성된 책들을 읽는 것처럼 의문점 그 자체를 사랑하려고 해 보라. 이제 당신에게 주어질 수 없는 답을 찾으려 하지 말라. 왜냐하면 당신은 그것들과 함께 살 수가 없기 때문이다. 요점은 모든 것을 받아들이고 사는 것이다. 지금 물어보라. 아마도 당신은 점차적으로 지각하지 못한 채 긴 하루를 살면서 해답을 얻게 될 것이다.

"우리의 간절한 소망을 기원하며,"

Sari와 Michelle

참고문헌

Armstrong, T. (2010). *Neurodiversity: Discovering the Extraordinary Gifts of Autism, ADHD, Dyslexia, and Other Brain Differences.* 1st ed. Boston: Da Capo Lifelong Books.

Brach, T. (2003). *Radical Acceptance: Awakening the Love That Heals Fear and Shame*. London: Rider & Co.

Brown, T. E. (2005). *Attention Deficit Disorder: The Unfocused Mind in Children and Adults*. New Haven, CT: Yale University Press.

Brown, T. E. (2013). *A New Understanding of ADHD in Children and Adults.* New York: Routledge.

Carey, R. (2016). Make a Splash! It's Time to Take Action on Your Life. Ebookit.com.

Combs, M. A., Canu, W. H., Broman-Fulks, J. J., Rocheleau, C. A., & Nieman, D. C. (2015). "Perceived Stress and ADHD Symptoms in Adults." *Journal of Attention Disorders, 19*(5), 425-34.

Cuddy, A. (2015). *Presence: Bringing Your Boldest Self to Your Biggest Challenges.* Boston: Little, Brown and Company.

Eichenbaum, L., & Orbach, S. (1989). *Between Women: Love, Envy and Competition in Women's Friendships.* London: Penguin Books.

Gilligan, C. (1993). *In a Different Voice: Psychological Theory and Women's*

Development. Cambridge, MA: Harvard University Press.

Giwerc, D. (2011). *Permission to Proceed*. Springville, UT: Vervante.

Goleman, D. (2012). The Sweet Spot for Achievement: What's the Relationship Between Stress and Performance?. *The Brain and Emotional Intelligence*. https://www.psychologytoday.com/us/blog/the-brain-and-emotional-intelligence/201203/the-sweet-spot-achievement.

Gottman, John, & Silver, N. (1988). *The Seven Principles for Making Marriage Work: A Practical Guide from the Country's Foremost Relationship Expert*. New York: Three Rivers Press.

Hallowell, E., & Ratey, J. (1994). *Driven to Distraction: Recognizing and Coping with Attention Deficit Disorder from Childhood Through Adulthood*. New York: Pantheon Books.

Hallowell, E., & Dodson, W. (2018). From Shame and Stigma to Pride and Truth: It's Time to Celebrate ADHD Differences. *ADHD Expert Webinars*, ADDitude Magazine. https://www.additudemag.com/webinar/adhd-stigma-accept-yourself.

Hayes, S. Strosahl, K., & Wilson, K. (2016). *Acceptance and Commitment Therapy: The Process and Practice of Mindful Change*. 2nd ed. New York: The Guilford Press.

Hinshaw, S. (2018). Girls and Women with ADHD: Unique Risks, Crippling Stigma. ADHD Expert Webinars, *ADDitude Magazine*. https://www.additudemag.com/webinar/adhd-in-girls-women-risks-stigma/

Katherine, A. (2000). Where to Draw the Line: How to Set Healthy Boundaries Every Day. New York: Touchstone.

Kubler-Ross, E. (1969). *On Death and Dying*. New York: The Macmillan Company.

Lerner, H. (1989). *The Dance of Intimacy: A Woman's Guide to Courageous Acts of Change in Key Relationships*. New York: Harper Collins.

Littman, E. (2018). No More Suffering in Silence. *ADDitude* Spring 52-5.

Lorde, A. (1977). Speech. Lesbian and Literature Panel, Modern Language Association. Chicago, Illinois, December 28.

Markel, G. (2012). *Actions Against Distractions: Managing Your Scattered,*

Disorganized, and Forgetful Mind. Ann Arbor, MI: Managing Your Mind, LLC.

Matlen, T. (2014). *The Queen of Distraction: How Women with ADHD Can Conquer Chaos, Find Focus, and Get More Done.* Oakland, CA: New Harbinger Publications.

Mitchell, J. T., Benson, J. W., Knouse, L. E., Kimbrel, N. A., & Anastopoulos, A. D. (2013). Are Negative Automatic Thoughts Associated with ADHD in Adulthood? *Cognitive Therapy and Research, 37*(4), 851-59.

Mohr, T. (2014). *Playing Big: Practical Wisdom for Women Who Want to Speak Up, Create and Lead.* New York: Avery.

Ochoa, J. (2016). *Focused Forward: Navigating the Storms of Adult ADHD.* Austin, TX: Empowering Minds Press.

Ramsay, J. R. (2017). The Relevance of Cognitive Distortions in the Psychosocial Treatment of Adult ADHD. *Professional Psychology: Research and Practice, 48*(1), 62-9.

Redmoon, A. (1991). No Peaceful Warriors!. *Gnosis. Fall.*

Rilke, R. M. (1934). *Letters to a Young Poet.* New York: W.W. Norton & Co. Inc.

Rogers, C. (1961). *On Becoming a Person: A Therapist's View of Psychotherapy.* Boston: Houghton Mifflin.

Rucklidge, J., Brown, D. Crawford, S., & Kaplan, B. (2000). Attributional Styles and Psychosocial Functioning of Adults with ADHD: Practice Issues and Gender Differences. *Journal of Clinical Psychology, 56,* 711-722b.

Ryon, H., & Gleason, M. (2014). The Role of Locus of Control in Daily Life. *Personality and Social Psychology Bulletin, 40*(1), 121-131.

Shaw, P., Stringaris, A., Nigg, J., & Leibenluft, E. (2014). Emotion Dysregulation in Attention Deficit Hyperactivity Disorder. *American Journal of Psychiatry, 171,* 276-293.

Solden, S. (2002). *Journeys Through ADDulthood.* New York: Walkerbooks.

Solden, S. (2005). *Women with Attention Deficit Disorder.* Revised ed. Ann Arbor, MI: Introspect Press.

Steinem, G. (1970). Living the Revolution. Speech. May 31.

Strayed, C. (2012). *Tiny Beautiful Things: Advice on Love and Life from Dear Sugar.*

New York: Vintage.

Ulrich, L. T. (1976). Vertuous Women Found: New England Ministerial Literature, 1668-735. *American Quarterly Spring, 28*(1), 20.

Vanzant, I. (2013). *Forgiveness: 21 Days to Forgive Everyone for Everything*. Carlsbad, CA: SmileyBooks.

Walsch, N. D. (2012). Speech. June 8.

White, A. (2009). *From Comfort Zone to Performance Management: Understanding Development and Performance*. Hoeilaart, Belguim: White & MacLean Publishing.

White, M., & Epston, D. (1990). *Narrative Means to Therapeutic Ends*. New York: W. W. Norton & Co. Inc.

Williamson, M. (1996). *A Return to Love: Reflections on the Principles of a Course in Miracles*. San Francisco: HarperOne.

찾아보기

인명

내용

저자 소개

Sari Solden, MS

심리치료사이며, 30년 동안 주의력결핍 과잉행동장애(ADHD)가 있는 성인을 상담했다. 선구적인 책인『Women with Attention Deficit Disorder and Journeys Through ADDulthood』의 저자이자 국내 및 국제 회의의 저명한 기조 연설자이다. 그녀는 주의력결핍장애협회(ADDA)의 전문 자문위원회에서 일하고 있으며 도움을 주는 전문가로부터 탁월한 서비스로 상을 받은 적이 있다. 전문 분야에는 여성 문제, 부주의한 ADHD, 진단되지 않은 ADHD로 자란 성인의 정서적 결과 및 치유 과정이 포함된다.

Michelle Frank, PsyD

ADHD 환자의 진단, 치료, 교육 및 권한 부여를 전문으로 하는 저명한 임상심리학자이다. 그녀는 최신 연구에 기반한 인지행동치료(CBT), 마음챙김 기반 실습 및 정신 교육적 접근 방식을 활용하여 ADHD 환자가 만족스럽고 권한 있는 삶을 살도록 돕고 있다. 성인 ADHD를 돕는 데 전념하는 유일한 비영리 단체인 ADDA의 이사로 활동하고 있다. ADHD, 신경 다양성 및 여성의 권한 부여와 관련된 문제에 대해 전국적으로 연설을 하기도 한다.

역자 소개

이성직(Seongjik Lee)

미국 켄터키대학교 상담심리학 박사(Ph.D)

미국 테네시대학교 상담학 석사(M.S.)

한울심리상담센터 대표

한국 ADHD 협회 회장

한국상담학회 산하 한국심리치료상담학회 학회장(2021~2022)

연세대학교 심리학과 겸임교수(2020~2023)

서울상담심리대학원대학교 교수(2012~2019)

한국상담심리학회, 상담심리사 1급

한국상담학회, 심리치료 전문상담사 수련감독

한국인지행동치료학회, 인지행동치료전문가

미국 성인 ADHD 라이프 코치 자격

김정숙(Jeongsook Kim)

홍익대학교 상담심리학 박사(Ph.D.)

서울여자대학교 일반대학원 임상사회사업 석사

한국상담학회 전문상담사 1급

보건복지부 정신건강사회복지사 1급

현) 한울심리상담센터 ADHD 연구팀장
두드림마음건강센터 사무국장
SB평생교육원 교강사

전) 한국정신보건사회복지학회 정책기획의원
탈성매매시설 "한국여성의집" 운영위원
마포구청소년상담복지센터 실행위원
마포구사회복지협의체 정신보건분과장

김다선(Dasun Kim)

강원대학교 심리학과 임상, 상담 및 신경 심리전공 석사

현) 신촌 세브란스 어린이병원 소아심리실 임상심리전문가 과정

진성주(Seongjoo Jin)

경기대학교 대학원 교정상담교육학 석사 졸업

경기대학교 대학원 교정보호학 박사 수료

현) 법무부 서울구치소

전) 인천광역시교육청 가정형(Wee)센터 전문상담사

인천광역시교육청 성인지 대안교육위탁기관 교사

ADHD 여성을 위한 혁신적인 안내서: 고통을 넘어서 진정한 자신을 발견하기

A Radical Guide for Women with ADHD:
Embrace Neurodiversity, Live Boldly, and Break Through Barriers

2024년 1월 20일 1판 1쇄 인쇄
2024년 1월 30일 1판 1쇄 발행

지은이 • Sari Solden · Michelle Frank
옮긴이 • 이성직 · 김정숙 · 김다선 · 진성주
펴낸이 • 김진환
펴낸곳 • ㈜ 학지사
04031 서울특별시 마포구 양화로 15길 20 마인드월드빌딩
대표전화 • 02-330-5114 팩스 • 02-324-2345
등록번호 • 제313-2006-000265호

홈페이지 • http://www.hakjisa.co.kr
인스타그램 • https://www.instagram.com/hakjisabook

ISBN 978-89-997-3046-7 93180

정가 19,000원

역자와의 협약으로 인지는 생략합니다.
파본은 구입처에서 교환해 드립니다.